电力普遍服务与保底服务实施机制设计

陈　政　冷　媛　黄国日
尚　楠　金东亚　王　刚　编著

中国电力出版社
CHINA ELECTRIC POWER PRESS

图书在版编目（CIP）数据

电力普遍服务与保底服务实施机制设计/陈政等编著．—北京：中国电力出版社，2020.11
ISBN 978-7-5198-5149-1

Ⅰ.①电…　Ⅱ.①陈…　Ⅲ.①电力工业－供电管理－商业服务－设计　Ⅳ.①F426.61

中国版本图书馆 CIP 数据核字（2020）第 222922 号

出版发行：中国电力出版社
地　　址：北京市东城区北京站西街 19 号（邮政编码 100005）
网　　址：http://www.cepp.sgcc.com.cn
责任编辑：岳　璐（010-63412339）
责任校对：黄　蓓　于　维
装帧设计：张俊霞
责任印制：石　雷

印　　刷：北京博海升彩色印刷有限公司
版　　次：2020 年 11 月第一版
印　　次：2020 年 11 月北京第一次印刷
开　　本：710 毫米×1000 毫米　16 开本
印　　张：9.75
字　　数：129 千字
印　　数：001—800 册
定　　价：70.00 元

前 言

自《中共中央国务院关于进一步深化电力体制改革的若干意见》（中发〔2015〕9号文）发布伊始，新一轮电力体制改革已历时五年余，各项改革任务也取得了显著成效。当前随着改革持续深化，相关体制机制问题也逐步突显出来。以普遍服务和保底服务为例，原来由电网企业统包统揽，以企业内部平衡保障服务的模式难以持续，市场化改革背景下的电力普遍服务与保底服务实施机制亟需完善。

从世界范围来看，市场化程度较高的国家大多采取电力普遍服务基金或低收入群体补贴计划等方式保障电力普遍服务，以及从供应商选择、价格水平等方面针对无法获得竞争性电力服务的用户制定了电力保底服务办法。于我国而言，随着输配电价单独核定和终端用户选择权的放开，原来电网企业通过内部交叉补贴实施电力普遍服务的可持续性将面临挑战；另外，随着配售电领域持续扩大开放，越来越多的市场主体参与到配售电业务竞争中，用户面临供电保障风险显著增加，相应保底服务机制也亟待深入研究。

本书围绕电力普遍服务和保底服务展开阐述，共分为两大部分十六章。第一部分主要介绍电力普遍服务，包括电力普遍服务内涵、国内外典型国家电力普遍服务实施机制，我国电力普遍服务实施情况、电力普遍服务成本量化、电力普遍服务成本补偿及服务定价等内容，并针对我国电力普遍服务实施提出相关建议。第二部分主要介绍电力保底服务，包括电力保底服务内涵、国外典型国家电力保底服务实施情况、我国电力保底服务实施情况，最后供应商服务、配电网短期过渡服务、配电网长期承接服务等内容，并针对我国电力保底服务实施提出相关建议。

本书版权归属南方电网能源发展研究院，是南方电网公司直属智库机构，在能源政策与体制改革等领域已开展了大量研究工作。编写本书的初衷是在充分借鉴世界经验基础上，结合当前改革形势要求，探讨推动我国电力普遍服务和保底服务规范实施的相关思路和措施，为相关研究人员、政策制定者提供参考。

受作者能力和视野局限，书中难免存在不足和疏漏之处，敬请读者批评指正。

编　者

2020 年 8 月

目 录

第二部分　电力保底服务

绪论

电力普遍服务和保底服务是两个相互联系，而又具备显著区别的概念。二者在服务对象与服务内容上有一定交叉，例如都包括对不进入市场用户进行保障供电、确保用户基本供电需求得到满足等。二者也有本质不同，电力普遍服务是确保任何用户都能享受基本电力服务的一种公共产品，而电力保底服务是在无法通过原协议渠道获得电力供给时，保障用户持续电力供应的一种补救性措施。本书分别围绕新形势下我国电力普遍服务和保底服务实施及相关机制设计进行阐述。

第一部分是电力普遍服务。当提到电力普遍服务时，通常大家关注的重点是偏远地区或贫困人口的供电问题，但电力普遍服务涵盖的对象并不局限于此。为澄清概念，首先梳理了国内外相关公共事业、电力行业关于普遍服务的相关表述，在此基础上提出了符合我国国情的新形势下电力普遍服务内涵定义。继而选取部分发达国家（如美国、英国、日本等）以及发展中国家（如印度、孟加拉国），分别介绍典型国家电力普遍服务实施的相关机制，从普遍服务的演变历程、资金来源、交叉补贴处理方式等维度提炼可供我国借鉴的经验。接下来，分析了我国实施电力普遍服务的相关情况，提出下一阶段面临问题和挑战，并就电力普遍服务的成本量化、成本回收等关键问题开展研究，结合我国电力市场化改革进程，提出了近期、中期、远期三个不同时期的补偿及定价方式。最后，就我国电力普遍服务实施提出了相关建议。

第二部分是电力保底服务。为澄清对电力保底服务的内涵认识，首先分析了世界各国对相关保底服务的界定情况，梳理了我国涉及电力保底服务的政策文件内容，在此基础上提出我国电力保底服务应涵盖的内容。随后围绕电力保底服务类型、服务商选择机制、价格机制、成本回收机制等方面，分别介绍了美国、欧洲、澳大利亚、新加坡等国家和地区电力保底服务实施情况，归纳总结提出可供我国借鉴的相关经验。接下来，结合我国相关政策要求，分析了电力保底服务实施需要重点关注的问题，重点围绕最后供应商、配网短期过渡服务、配网长期承接服务三种典型保底服务形式，详细介绍了保底服务机制设计，包括保底服务成本量化、服务定价、成本回收方式、服务实施流程等。最后，针对我国电力保底服务实施提出了相关建议。

第一部分　电力普遍服务

第1章

电力普遍服务内涵

“普遍服务”这一概念最早出现在通信领域，并逐步推行至邮政、电力等行业。当前，电力普遍服务一词已在电力行业广泛使用。尽管相关内容在不少文献中均有体现，但国内尚未有官方文件或权威机构对电力普遍服务做出严格的定义说明。因此，本节旨在通过梳理国内外相关行业对于普遍服务概念的定义，明确电力普遍服务的内涵。

1.1 相关行业普遍服务内涵

1.1.1 电信行业

“普遍服务”一词最早由美国电话电报公司（American Telephone and Telegraph Company，AT&T）总裁 Thedore Newdon Vail 在 1907 年的年度报告中提出。普遍服务（Universal Service）首次出现在法律法规文件上的时间，可以追溯到美国《1934 年通信法》，在其第 1 条法规中规定：“电信经营者要以充足的设施和合理的资费，尽可能地为合众国的所有国民提供迅速而高效的有线和无线通信业务”[1]。时隔半个多世纪，美国《1996 年电信法》对《1934 年通信法》中的相关表述进行了更正，在其第 254 条法规中对电信普遍服务定义作了进一步的说明：“电信普遍服务是考虑电信与信息业务和技术的发展，定期确定的电信服务发展水平。美国联邦通信委员会（Federal Communications Commission，FCC）在制定电信普遍服务政策时需要考虑以下原则：①以公正、合理和可承受的价格提供高质量服务；②美国所有地区都应享有接入电信服务的权利；③在全美国所有电信用户，包括低收入用户和居住在农村、海岛和其他高成本地区的用户都应以基本相同的

[1] Section 1 of Communication Act of 1934.

价格和计费标准享受到城市用户所享受的长途电话服务、先进的电信和信息服务；④所有的电信公司都应该在平衡、无歧视的基础上分摊普遍服务成本。同时，联邦—州普遍服务委员会在任何时候都可以建议 FCC 修改普遍服务的定义”[1]。

20 世纪 80 年代末，国际经济合作与发展组织（Organization for Economic Co - operation and Development，OECD）在《普遍服务和电信资费的改革》报告中对电信业普遍服务进行定义：“任何人在任何地方、任何时候都能以承担得起的价格享受电信服务，且服务质量和资费一视同仁”。可以看出，国际上对电信普遍服务的定义体现出多个特征，一是普遍服务对象涵盖所有国民，二是对所有国民的普遍服务标准一视同仁，三是普遍服务的衡量标准随社会经济发展动态调整。

目前，在国内已出台的电信行业政策文件中，《中华人民共和国电信条例》是我国唯一一部有关电信业且涉及普遍服务的综合性行政法规，但其对普遍服务的定义及其所应遵循的原则、应达到的目标、普遍服务的资助对象、成本计算和补偿方法等尚未作出清晰界定。其提及普遍服务的条款仅有：①电信业务经营者必须按照国家有关规定履行相应的电信普遍服务义务；②国务院信息产业主管部门可以采取指定的或者招标的方式确定电信业务经营者具体承担电信普遍服务的义务；③电信普遍服务成本补偿管理办法，由国务院信息产业主管部门会同国务院财政部门、价格主管部门制定，报国务院批准后公布施行。2006 年初，《电信法》立法工作被列为国务院一类立法项目，信息产业部努力配合国务院法制办开展电信法的论证、协调和修改工作，目前《电信法》仍在制定和修改当中。

---

[1] Section 254 of Telecommunications Act of 1996.

1.1.2 邮政行业

2004年，万国邮政联盟在《万国邮政公约最后议定书》中约定每个国家都应依照本国国情和居民的实际需求来规定邮政业务的覆盖区域、质量规范和基本价格，以合理的方法给予邮政服务，并要保障其长期性。

2015年出台的《中华人民共和国邮政法》对邮政普遍服务的内涵给出了明确的定义，与国际上对电信普遍服务定义类似，包括了普遍服务对象是境内所有用户，普遍服务标准和业务范围需满足国家规定，价格制定需合理等系列特征。同时，在《邮政普遍服务“十三五”规划》《国家邮政局发展研究中心报告（2018年）》等相关规划、报告中，特别说明了邮政普遍服务内涵并非一成不变，而应随时代变迁、人民需求而被赋予新内涵。国内外邮政行业普通服务表述如表1-1所示。

表1-1　　国内外邮政行业普遍服务的典型表述

来　源	表　述
《万国邮政公约最后议定书》	每个国家都应该让所有用户享有邮政普遍服务，即以相对合理的价格为国内的每一片区域都予以长期、高质量的邮政服务
《中华人民共和国邮政法》	邮政企业按照国家规定承担提供邮政普遍服务的义务。邮政普遍服务是指按照国家规定的业务范围、服务标准，以合理的资费标准，为中华人民共和国境内所有用户持续提供的邮政服务
《邮政普遍服务“十三五”规划》	邮政与快递的业态融合和企业竞合渐成趋势，邮政服务需求范围更广，赋予普遍服务新内涵
《国家邮政局发展研究中心报告（2018年）》	新时代我国邮政普遍服务的主要特征是地位不变，内涵在变。以信件需求为主的旧常态步入以包裹递寄需求为主的新常态

1.1.3 铁路行业

铁路行业并没有采用普遍服务这一说法，从服务对象来看，与普

遍服务有一定相似性的说法是铁路公益性运输服务的概念。铁路公益性运输服务是指：铁路运输企业提供的，可使公众整体获得利益但企业却没有得到足够经济补偿的运输项目，主要包括军事物资、扶贫救灾、军人残疾人和在校学生等大量非盈利性的公益运输以及偏远山区等公益性铁路运输线路。从大部分国家来看，客运服务被认为是公益服务，货运服务被认为是市场服务。

1.2　电力行业普遍服务内涵

1.2.1　国外典型表述

从国外主要典型国家来看，尚未有在立法中明确提出电力普遍服务定义的，但电力与社会公众的利益息息相关，各国在立法时普遍提出了电力公司在提供电力普遍服务中必须遵守的基本原则。如美国在电力相关法律中规定：国务大臣和煤气与电力市场行政管理局将确保所有合理的电力产品需求得到满足，必须重视维护残疾人、身患慢性疾病的人、领退休金的老人、低收入者以及居住在偏远地区的人的利益，保护公众的利益不受因发电、输电、电力销售或者电力供应而引发的危害，确保能够提供多样的、可行的、长期的能源供应。日本《电气事业法》把保护用户利益作为立法的三个目的之一，在电力供电义务方面规定：一般电力事业者如无正当理由，不得拒绝在其供电区域内满足一般需要的供电。瑞典《电力法》明确供电特许权持有者有义务向供电区域内的所有用户提供电力，满足通常消费需要。印度 2003 年在电力相关法律中明确：所有电力公司要为包括农村地区在内的所有人提供电力服务。

1.2.2 国内常用表述

2005 年出台的《供电服务监管办法》第五条提出：供电企业应当按照国家规定履行电力社会普遍服务义务，依法保障任何人能够以普遍可以接受的价格获得最基本的供电服务。现有的部分学术文献也尝试过对电力普遍服务内涵进行表述，比如 2003 年时任国家电力监管委员会副主席宋密在《积极推进电力体制改革，构建新形势下的电力普遍服务体系》一文中将电力普遍服务表述为：“由国家制定政策，由电力经营企业具体实施，确保所有用户都能以可承受的价格，获得可靠的、持续的基本电力服务”。同时也提出了电力普遍服务所应遵循的原则，一是可获得性，即无论何时何地，都应当得到电力的服务；二是非歧视性，即所有用户都应当被同等对待；三是可承受性，即服务的价格应当为大多数用户所能够承受。

1.2.3 本书的表述

借鉴电信、邮政等行业普遍服务内涵，结合国内外关于电力普遍服务已有表述，本书认为电力普遍服务合理表述应为：电力普遍服务是基于国家制定政策，由电力企业具体实施，确保所有用户都能以合理和普遍承担得起的价格享受的基本电力服务。

关于电力普遍服务内涵表述有以下几点需要说明：

（1）实施主体：电力企业是实施主体，有按照法律规定实施电力普遍服务的义务；

（2）实施客体：所有用户，既包括偏远地区用户，也包括城市用户等；

（3）合理和普遍承担得起的价格：对于无承受能力的用户，价格可低于真实供电成本；对于有承受能力的用户，价格也不能过高且普遍能够接受；

（4）基本电力服务：基于当前经济社会发展水平，满足大多数用户的一般用电需求，不含高可靠性用户和个性化用户需求。随着未来经济社会发展，基本电力服务水平也将逐步提高。

第2章

国外典型国家电力普遍服务实施机制

20世纪80年代以前，世界上多数国家电力行业普遍呈现垄断性和管制性特征。在这样的环境下，往往由一家垂直一体化的电力企业在特定地理区域内提供发电、输配电和售电服务，作为行业主导者的电力企业同时承担着提供普遍服务的义务（Universal Service Obligation，USO）。即使放松管制、开放竞争是全球范围内电力行业的大势所趋，向农村、居民等用户提供电力普遍服务仍然是经济社会发展不可或缺的基础条件。本章主要介绍部分国外典型国家实施电力普遍服务的具体情况，在总结各国经验的基础上，归纳出我国开展电力普遍服务的经验启示。

2.1　美国

《中国电力普遍服务供给规制研究》一书中指出，美国将电力普遍服务划分为建网、网络扩张、大规模抢占市场、网络完善以及个性化服务五个发展阶段，并根据国民经济的发展情况分阶段设置普遍服务的发展目标，如表2-1所示。

表2-1　　美国不同阶段普遍服务的目标

阶段	建网	网络扩张	大规模抢占市场	网络完善	个性化服务
用电普及率（%）	0～5	1～20	15～40	35～60	50～100
人均GDP	低收入水平	中低收入水平	中上收入水平	较高收入水平	高收入水平
电网发展主要瓶颈	投入资金、适宜的技术与技能	资费过高（相对低收入）	满足大量电力用户的需求	使贫困或者弱势群体也能接受电力服务费用	市场吸引力
普遍服务的目标	架设各主要城市之间的电网	各大城市都能享受电力服务	在大部分地区普及家庭用电	贫困地区和弱势群体用上电	满足每个人的用电需求

在法律条例层面，美国相关条款规定，国务大臣和煤气与电力市场行政管理局将发挥作用，使得所有合理的电能需求得到满足，其必须重视维护低收入者以及居住偏远地区的公众的利益，确保能够提供多样的、可行的、长期的能源供应。由于电力普遍服务在实施的地理范围上涵盖了边远农村、城镇等诸多地区，美国政府为保障人民能够享有普遍服务的基本权利，因地制宜地制定了相应的政策。

2.1.1 农村电力合作社

美国边远农村地区的电力普遍服务主要由农村电力合作社负责实施。农村电力合作社是一个非赢利性质的自治供电机构。为扶持其发展，保障广大边远农村地区电力普遍服务的供应，美国联邦政府主要采取了两条措施：一是成立农村电气化管理局（Rural Electrification Administration，REA），为农村电力合作社提供 30 年长期低息贷款，用于电力设施建设，以有效降低农村电力合作社的供电成本（20 世纪 50 年代以前的贷款利率为 2%，1979 年提高到 5%，现在约为 5%～7%）；二是努力确保农村电力合作社的电力供应，规定联邦政府拥有的水电站优先向合作社提供质优价廉的电力。可以看出，虽然美国边远农村地区普遍服务的实施主体为完全自治的农村电力合作社，但政府在制度帮扶和政策支持上也扮演了重要的角色。

农村电力合作社下设有美国普遍服务委员会（Public Service Committee，PSC），其主要职能为依据联邦和各州的法律及实际经验，制定、发布和实施与普遍服务相关的各类政策，对公共设施的安全性、可靠性以及普遍服务的质量进行监管，同时负责解决普遍服务实施过程中产生的纠纷。

美国当前已经形成了超过 1000 家农村电力合作社，分布在四十余州，在美国全境范围内为超过 2000 个县、逾 3000 万人提供电力普遍

服务。

2.1.2　低收入群补贴计划

美国城镇及周边地区的电力供应责任主要由受监管的公用电力公司承担，对公用电力公司所提供普遍服务的监管由各州公用事业监管委员会负责，被监管的公用电力公司需承担向用户提供普遍服务的义务，且没有挑选消费者的权利。

早期美国对城镇及周边地区的电力普遍服务采用向供电区域内低收入人群提供补贴的形式，美国政府为此制定了专门的低收入补贴计划。例如宾夕法尼亚州的低收入家庭能源援助计划（Low Income Home Energy Assistance Program，LIHEAP），在该计划中，通过对家庭经济状况和能源使用情况开展审计和评估，为符合条件的家庭免费安装节能装置以及提供节能措施建议；又如客户援助计划（Customer Assistance Program，CAPs），该计划为能源费用支付存在困难的家庭提供一定的支付援助和债务免除，获得援助的家庭能够以较低费率使用电能。总的来说，在补贴机制下，满足低收入家庭标准的美国家庭均可以提交申请，满足条件的家庭能够享受一定的电费折扣和相对较低的费率。之后美国参考借鉴了电信产业成熟运作的普遍服务基金制度，在电力行业也采取了通过设立电力普遍服务基金（Universal Service Fund，USF）的方式来实施普遍服务。

2.1.3　电力普遍服务基金

在美国，由普遍服务委员会（Public Service Committee，PSC）负责组织实施电力普遍服务工程（Electricity Universal Service Project，EUSP）。在法律上，由 PSC 全权负责 EUSP，EUSP 资金主要来源于电力普遍服务基金（USF）。

电力普遍服务基金（USF）是美国当前实施电力普遍服务的主要资金来源，其为由政府按照相关法律法规的规定，在向社会特定主体征收资金后，再进行二次配置的一种方式。电力普遍服务基金总体来源于用户电费，主要用于帮助低收入者支付电费、开展需求侧管理（Demand Side Management，DSM）和进行可再生能源开发等。

1. 马里兰州的电费附加

美国部分州采用了在电费中加价的方法，即居民除每月应缴电费外，还需要额外缴纳一部分不变金额，用于充实电力普遍服务基金。这些地区由于用电量大，而需要救助的弱势群体少，在电费中加价量不大，用户一般可以接受。如马里兰州每月每户居民的电费增加 40 美分用于电力普遍服务基金，商业用户和工业用户按其年度电费的范围不同分别缴纳不同额度的电力普遍服务基金：年度电费为 5000～9999 美元的电力用户每月缴纳 10 美元作为电力普遍服务基金；年度电费为 10000～24999 美元的用户每月缴纳 20 美元作为电力普遍服务基金。

2. 新泽西州的电力普遍服务基金

出于帮助低收入家庭承担电能和天然气服务的需要，新泽西州在 1999 年 2 月颁布了《The Electric Discount and Energy Competition Act（电费折扣和能源节约法）》。该制度明确了普遍服务基金由新泽西州人类服务部（Department of Human Service）和新泽西州公用事业委员会共同管理。具体而言，电力用户可以在每年 4～11 月期间提出申请，申请内容涵盖有天然气消费支出补贴和电能消费支出补贴两类，若用户符合条件，则管理机构向申请人发放一定的补贴额度，补贴有效期为一年。

新泽西州的普遍服务基金在补贴方式上体现为受补贴的用户能够获得部分费用的减免。费用减免额度因用户情况而异，总体要求为获得补贴后的家庭电能消费支出不超过年度总收入的 6%。同时普遍服

务基金对每户家庭的补贴额度设有上限，每年最高不能超过 1800 美元。

3. 美国加州低费率能源计划和家庭电费援助计划

美国加州低费率能源计划（California Alternate Rates for Energy，CARE）、家庭电费援助计划（Family Electric Rate Assistance，FERA）等援助计划一定程度上发挥了电力普遍服务的功能，一般通过衡量家庭收入和家庭规模匹配对应普遍服务的电费折扣力度，通过申请，并经审批通过后予以实施。表 2 - 2 是加州 CARE 计划的电费折扣情况。

表 2 - 2　　CARE 电费折扣的资金来源

用户类别	每月 CARE 附加费（美元）	每月电费（美元）	每月 CARE 附加费/每月电费（%）	每年 CARE 附加费（美元）	每年附加费用户构成比例（%）
居民用户	9 499 584	418 955 409	2.27	113 995 008	27.88
农业生产用户	819 011	21 659 207	3.78	9 828 132	2.40
商业用户	18 524 564	488 202 712	3.79	222 294 768	54.38
工业用户	3 352 147	60 557 420	5.54	40 225 764	9.84
公共机关	1 837 300	46 639 613	3.94	22 047 600	5.39
铁路运输	34 695	1 030 078	3.37	416 340	0.10
其他	0	12 485	0.00	0	0.00
合计	34 067 301	1 037 056 924	3.28	408 807 612	100

在上述计划中，美国加州明确规定，1～2 口人家庭贫困线设置为 16 240 美元/年，每增加一人收入增加 4180 美元/年，以此为标准形成不同家庭规模的贫困线。在此基础上，满足 CARE 计划资格且收入小于等于 200%×家庭贫困线标准的用户，可以享受 30%～35%的电费折扣；若不满足 CARE 计划而满足 FERA 计划，即家庭收入满足小于等于 250%×家庭贫困线标准的，可以享受 12%的电费折扣。

2.2 法国

法国电力普遍服务发展是伴随着法国电力体制改革推进、欧洲统一市场建立逐渐落实的。在具体实施过程中，一般是在政府的引导下，通过制定相关的法律法规明确普遍服务责任，并具体交由电力公司实施。

由法国政府直接进行垄断经营的法国电力公司（Électricité de France，EDF）是提供法国全境电力普遍服务的主体。在电力体制改革过程中，EDF 进行了财务关系上的拆分，主要输电业务被单独分离出来形成了相对独立运作的电网公司；在此基础上，2015 年法国政府与 EDF 签订了《公共服务合同》，明确规定了 EDF 具有提供电力普遍服务的义务，即法国电力公司及旗下电网公司需向用户提供无期限的、有质量保证的电力服务。

2.2.1 法律保障

在 2000 年起施行的《电力法》中，法国成立了电力监管委员会，以负责监管电力普遍服务的实施，该机构后面变更为法国能源监管委员会（Commission de Regulation de l'Energie，CRE），监管内容也持续不断地加以完善。

法国在 2003 年颁布的《国营电力服务的现代化发展》中明确规定，提供电力普遍服务是为在尊重普遍利益，遵守平等、持续、适应性原则等的前提下，考虑安全、质量、成本、价格、经济社会和能源效率等因素，保障法国全境电力的可靠供应。在具体的法律条款中又明确规定，对家庭收入低于一定水平的用户实施特别定价，承担普遍服务义务的电力企业的成本将获得补偿，该补偿来源于公共电力生产

服务基金。2005 年，《法国能源政策法》发布，将“确保全民的能源供应”作为其能源政策的一项长期方针。

2.2.2　电力普遍服务基金

前文所述的“公共电力生产服务基金”为法国提供电力普遍服务的资金来源。该基金来源于发电企业或其子公司等主体缴纳的税金，该基金存储在储蓄银行一个特殊账户中加以管理，同时接受独立检查机构的监督和审查。

此外，法国政府也设立了“农村电气化特别基金会”，政府投资的部分列入了法国农村电力建设资金的筹集范围，2003 年约占总投资的 18%。据公开发表的文献资料显示，法国农村电力建设资金的筹集渠道及份额如图 2-1 所示，各管理机构各承担一定的资金筹集份额。

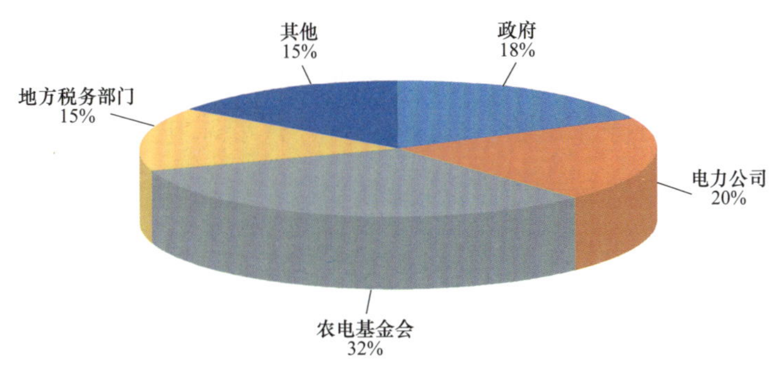

图 2-1　2003 年法国农村电力建设资金筹集渠道及份额示意图

2.3　日本

长期以来，日本的电力管理体制总体呈现出高度垂直一体化的特征，该体制又被称为“地域独占体制”。即由 10 家私有电力股份公司在各自所属区域内实行发电、输电、配电、售电的一体化垄断经营，并对区域内未拥有电网的独立发电公司所生产的全部电力进行趸售；各区域电网在网架上彼此互联，但区域间交换电量相对较少。近年来，日本开展了有限的电力市场化改革，在发电领域和售电领域实施部分放开。由于日本电力行业长期呈现高度的垂直垄断分地区经营特点，自然形成了长期由区域电力公司实施电力普遍服务的局面。

2.3.1 法律保障

日本《电力事业法》将提供电力普遍服务上升到法律层面。《电力事业法》规定，电力公司对50千瓦以下的电力用户有普遍服务义务，电力公司如无正当理由，不得拒绝其在经营供电范围内的用户的供电服务需求。电力公司制定通过经济产业省大臣批准的供电规程，并由相应营业所（或事业所）予以公布。

日本法律法规考虑到电力行业的公益性以及市场份额的高度集中特性，不允许电力公司出于经营上的需要对特定的、不同需要的电力用户采取差异化的特殊定价。以立法的方式要求电力公司向各类用户提供服务时，遵循电价制定的“成本主义、公正报酬、用户公平”三原则定价，保障电力公平价值需求的实现。对于家庭、中小企业、商业、办公用户的售电价格，若电力公司调升价格，则必须书面申请，经严格审查、取得监管机构同意后才能实施；若价格调降，需要报政府机构备案。对于放开竞争的大用户的销售电价，包括大工业、大商业和大办公用户等，由电力企业与其签订《供电约款》明确供电价格，《供电约款》中的具体条款需要遵循日本经济产业省和公平交易委员会联合发布的《电力公平交易大纲》予以拟定。

2.3.2 电力普遍服务义务

日本电力行业的普遍服务是按照历史习惯自觉形成的，电力公司

会为弱势用户提供普遍服务（如对母子家庭、生活用电等），但是否决定提供普遍服务由电力公司自主决定，政府不会直接干预，也没有形成硬性的普遍服务标准。在电力零售领域开展电力市场化改革之前，10 家电力公司在享有区域垄断权的同时，一般会承担对区域内电力用户的普遍服务义务，即对服务范围内所有客户的电能质量予以普遍保障。

随着日本电力市场化改革的深化，普遍服务呈现制度化趋势。日本议会普遍赞成对弱势家庭的支持，虽然当前暂未设立普遍服务基金，但未来日本可能视实际情况需要，适时设立电力普遍服务基金。

2.4　其他发展中国家

电力行业作为现代化社会的重要基础产业之一，不仅诸多发达国家持续致力于开展面向全社会的电力普遍服务，很多发展中国家也因地制宜地制定了电力普遍服务的具体实施方案。

2.4.1　印度

1. 概述

为农村用户提供普遍的能源接入服务是印度等发展中国家实施电力普遍服务的工作重心之一。在印度负责电力供应的机构为国家电力部（Ministry of Power），各州电力部以及公共电力部门负责管理农村用户的电力普遍接入。1910 年的颁布《印度电力法》规定了电力行业管理部门的基本法律框架，将工作重点放在能源供应层面；1948 年颁布的《电力（供应）法》赋予了各州成立州电力委员会（State Electricity Boards，SEB）的权利。SEB 为高度垂直一体化的公共事业公司，初期开展发电、输电、配电、售电的一体化垄断经营，从 1995 年起 SEB 被陆续拆分；此外，用电权也被写入印度宪法，成为电力用户的基本权利之一。

2. 法律政策保障

在法律层面，2001 年提出的《电费法案》建议在农村偏远地区通过农村委员会、用户协会、农村合作社等机构进行分散式管理以满足农村居民供电需要，该法案于 2003 年正式获得批准。

2003 年颁布的印度《电力法》中明确提出了普遍服务义务（Universal Service Obligation，USO）这一概念，规定了政府有义务提供电力普遍服务，同时提出了发展目标：致力于 2007 年使所有农村和用户家庭实现电气化。基于此法案，印度中央政府和州政府同时配套实施了一系列农村电气化计划以推进电力普遍服务的实施。

在政策支持方面，在 2003 年《电力法》颁布后的两年，印度政府发布了国家电力政策（National Electricity Policy，NEP）；并于 2006 年颁布了农村电气化政策（Rural Electrification Policy，REP），上述政策在一定程度上推进了农村电力普遍服务的发展。

3. 电力普遍服务项目——农村电气化项目

为保障农村地区的电能供应，印度通过一系列的“农村电气化项目”落实电力普遍服务。印度政府于 1969 年成立了农村电力有限责任公司（Rural Electrification Corporation Limited，REC），国家电力部通过电力金融有限公司（Power Finance Corporation Limited，PFC）对“分散管理支付（Delivery Through Decentralized Management）”等计划实施赞助，以支持农村电气化项目的推进。

与此同时，在印度的第五个“五年计划”中，将农村电气化作为重点工作之一。印度于 1974 年启动了“最低需求计划”（Minimum Needs Programme，MNP）。继“最低需求计划”（MNP）后，印度后续又实施了一系列计划，以向农村用户提供电力普遍服务，包括 1988

年启动的 Kutir Jyoti 计划、2003 年启动的农村电气化加速计划（Accelerated Rural Electrification Programme）等。2005 年，印度对所有正在执行的农村电气化计划进行了合并，形成了统一的电力普遍服务项目——农村电力基础设施和家庭电气化计划（Rajiv Gandhi Grameen Vidyutikaran Yojana，RGGVY），该计划由 REC 负责实施落实，向所有位于贫困线以下的未通电农村家庭提供 100％的入网费补贴。

2.4.2　孟加拉国

1. 概述

和印度类似，孟加拉国由于通电普及率相对较低，因此电力普遍服务的重心主要在于接入方面。地处南亚地区的孟加拉国只有约 20％的人口能得到充裕的电能供应，在沿海的偏远地区电能短缺则更为严峻；由于电能供应的缺乏一定程度上阻碍了孟加拉国的经济发展，孟加拉国政府选择采用偏远地区电力供应系统工程（Remote Area Power Supply System，RAPSS）等项目来提供电力普遍服务。

2. 电力普遍服务项目——偏远地区电力供应系统工程

孟加拉国开展的偏远地区电力供应系统工程（RAPSS）一方面旨在向农村发电、输配电等电力基础设施进行投资，加快孟加拉国向偏远地区和沿海地区的电力接入进程；另一方面，RAPSS 允许私营机构建造 10MW 以下的小型发电厂，允许投资者直接与顾客签订买卖电力合同，同时投资者需要建立地区的输配电系统向用户供电。开展 RAPSS 的具体流程如下：

步骤一：由国家基础设施投资部（Infrastructure Investment Facilitation Company，IIFC）基于地理特点、人口和社会经济因素，内部选定可能需要执行 RAPSS 的偏远地区；

步骤二：向潜在的投资者发布投资信息，通过筛选确定投资者；

步骤三：聘请专家对 RAPSS 候选地区开展可行性研究，从经济上对投资收益进行评估后，确定执行 RAPSS 的地区；

步骤四：面向投资者进行公开招标拍卖，所有潜在投资者进行集中竞价；

步骤五：中标投资者作为这些地区的电能供应商，与 IIFC 签订电力普遍服务供应协议。

需要说明的是，开展 RAPSS 的区域的供电价格由投资者与最终用户或电力监管部门协商确定，并非基于竞价结果确定。

2.5 经验及启示

一方面，经过多年的经济社会发展，我国在电力普遍服务供电设施建设方面已较为领先，目前已经初步实现了“用得上电”和“用得好电”的目标；另一方面，我国仍然是发展中国家，还存在大量低收入贫困人口，在电力普遍服务具体实施的细节层面与其他发展中国家仍具有一定的共性。通过总结国外典型国家开展电力普遍服务的实践经验，归纳出以下经验启示。

1. 电力普遍服务实施应基于公平公正原则无差别对待所有服务对象

电力普遍服务作为具有高度公益性的公共服务事业，应基于公平、公正的原则，避免因实施对象和服务区域不同而进行区别对待。以孟加拉国为例，虽然孟加拉国实施的 RAPSS 项目一定程度上履行了电力普遍服务义务，但由于 IIFC 在确定电力普遍服务的实施区域时需要进行投资收益评估，可能会造成电力普遍服务实施范围受限，降低了普遍服务的效果。电力普遍服务应始终保持“基本服务”内涵，即按符合国家标准的供电可靠性和电能质量提供基本供电服务。同时，政府

对电网企业等普遍服务实施主体实施价格管制时，应保证其整体盈利能力。

2. 向全体电力用户征收电力普遍服务基金或更具现实可行性

从电力普遍服务资金来源看，考虑到我国电力普遍服务资金需求规模较大，若完全交由政府财政承担可能产生较大财政压力；若完全通过税收转移支付方式进行用电补助，在执行层面也可能存在一定的操作困难。

当前美国、法国等发达国家一般选择通过征收电力普遍服务基金来解决资金来源。当前我国不同电力用户之间的交叉补贴可以成为电力普遍服务资金来源之一，从延续性、可行性角度出发，维持向电力用户征收电力普遍服务基金的方式改革阻力较小、对电价波动影响也相对较小；在现行电价机制下，工商业用户是主要的交叉补贴提供者，改为向全体电力用户征收电力普遍服务基金，既有利于降低工商业用户电价水平，也能使各类电力用户共同承担社会责任，更好地体现公平性。在具体操作上，为避免征收电价附加增加用户负担，可考虑在详细梳理目前电价中包含的政府性基金和附加基础上，将已经完成或即将到期的政府性基金和附加转为以电力普遍服务基金名义持续进行征收。

3. 明确资金来源和补偿方式是电力普遍服务实施机制的重要内容

资金来源与补偿机制是电力普遍服务实施的难点，美国等发达国家提供电力普遍服务均有明确的资助标准和资金募集方式。在补偿机制方面，部分国家选择基于家庭收入和家庭规模量化普遍服务的折扣力度，通过家庭自主申请，相关机构审批的方式实施电费的部分减免；在资金募集方面，无论承担电费折扣成本的主体是电力公司还是其他主体，均通过收取电力普遍服务基金的方式来获得电费折扣的资金来源，且电力普遍服务基金对各类市场主体的征收标准和征收金额不同。国外电力普遍服务资金来源主要有三种，普遍服务资金来源方式优缺点对比如表 2-3 所示。

表 2-3　　普遍服务资金来源方式优缺点对比

来源	优　点	缺　点	在我国的适用性
向全体电力用户征收	1）全体用户承担，单位电费加价相对较少，电价波动较为平稳； 2）向全体用户征收体现公平性	部分居民用户的电费支出增加	1）与当前征收电费附加的政策衔接性较好； 2）可以考虑针对不同用户设置不同的征收标准
向所有电力企业征收	征收主体相对集中	1）通常以企业销售收入为征收基准，一定程度上扭曲市场竞争； 2）不同主体承担的额度可能不同，容易引起争议	1）一定程度上缓解部分供电主体规避社会责任问题； 2）减少电网企业收入，大电网经营范围内受补贴用户更多，将承担更多责任
部分来源于国家或地方财政	1）操作简单； 2）体现普遍服务的公共属性和国家责任	增加国家或地方财政支出	1）能与当前政府对弱势群体关怀政策相衔接，如居民低保； 2）我国当前受补贴的用户较多，补贴总额较大，可能造成财政压力

4. 以完备的法律法规配套保障电力普遍服务持续推进

国外典型国家开展电力普遍服务过程中更加注重法律层面和政策层面的双重保障。建立健全与电力普遍服务相关的法律法规，明确电力普遍服务的运作制度，包括电力普遍服务范围、电力普遍服务提供主体、电力普遍服务对象主体等，清晰划分电力普遍服务开展过程中各机构主体权责界面，落实主体责任，做好全方位的法规制度保障，能够更好地推进电力普遍服务的实施。

第3章

我国电力普遍服务实施情况

3.1 相关政策及规定

尽管官方尚未出台相关政策文件对电力普遍服务给予明确定义，但早在1995年《中华人民共和国电力法》的相关条款中就已体现了电力普遍服务的相关精神。其在第八条规定“国家帮助和扶持少数民族地区、边远地区和贫困地区发展电力事业”；第二十六条规定“供电营业区内的供电营业机构，对本营业区内的用户有按照国家规定供电的义务；不得违反国家规定对其营业区内申请用电的单位和个人拒绝供电”；第四十一条规定“对同一电网内的同一电压等级、同一用电类别的用户，执行相同的电价标准”；第四十七条规定“国家对农村电气化实行优惠政策，对少数民族地区、边远地区和贫困地区的农村电力建设给予重点扶持”。

2002年我国首部电力体制改革纲领性文件《国务院关于印发电力体制改革方案的通知》提出设立国家电力监管委员会，明确其具有“负责监督社会普遍服务政策的实施”的职责。这是普遍服务概念首次在我国电力行业明确提出，至此电力普遍服务开始进入公众视野。此后，2005年发布的《电力业务许可证管理规定》和《电力企业信息报送规定》要求申请供电类电力业务许可证的企业，须承诺履行电力社会普遍服务义务，并按规定报送提供电力社会普遍服务的情况。2009年发布的《供电监管办法》亦规定“供电企业应当按照国家规定履行电力社会普遍服务义务，依法保障任何人能够按照国家规定的价格获得最基本的供电服务”，同时首次明确了“电力监管机构对供电企业履行电力社会普遍服务义务的情况实施监管”的职责。

2015年中共中央、国务院颁布的《中共中央　国务院关于进一步

深化电力体制改革的若干意见》（简称中发 9 号文），肯定了 2002 年电力体制改革实施以来在提高电力普遍服务水平方面取得的成绩。除了一如既往明确电网企业按国家规定履行电力普遍服务义务之外，伴随售电侧改革稳步推进，售电业务向社会资本逐渐放开。中发 9 号文还强调了“各种电力生产方式都要严格按照国家有关规定承担电力基金、政策性交叉补贴、普遍服务、社会责任等义务”。随着新一轮电力体制改革深入推进，2017 年颁布的《国家发展改革委关于进一步加强垄断行业价格监管的意见》提出近期的重点工作之一是“研究建立电力普遍服务、保底服务的成本回收机制，妥善处理并逐步减少政策性交叉补贴”。

2020 年国家发展改革委、国家能源局就《中华人民共和国能源法（征求意见稿）》向社会公开征求意见，其中多处涉及电力普遍服务相关论述，电力普遍服务有望入法。其在第十二条规定“国家健全能源普遍服务机制，保障公民获得基本能源供应与服务”；第五十八条规定“承担电力等能源供应的企业应当按照国家有关规定履行相应的普遍服务义务”“能源普遍服务补偿的具体办法，由国务院能源主管部门会同国务院财政部门、价格主管部门等有关部门制定，报国务院批准后公布施行”；第一百零九条规定“承担能源普遍服务义务的企业擅自中断、停止履行普遍服务义务的，由能源主管部门责令改正；造成用户经济损失的，对责任方处以损失额一倍以上两倍以下的罚款；构成犯罪的，依法追究刑事责任”。

此外，电力普遍服务与国家脱贫攻坚战略、全面决胜建成小康社会奋斗目标息息相关，国家相关部委在关于脱贫攻坚、农网改造升级等领域的多份文件中亦提出要提升贫困地区电力普遍服务水平、制定电力普遍服务补偿机制、加快城乡电力普遍服务均等化进程等要求。

3.2 实施主客体

电力普遍服务涉及“谁承担、谁实施、谁受益”的根本问题，即分清电力普遍服务的责任主体是谁、实施主体是谁以及谁从中受益，这是实施电力普遍服务的前提，也是建立电力普遍服务补偿、定价机制的基础。

电力普遍服务既可以由政府，也可以通过市场机制实现有效供给，但由于电力普遍服务的特殊性，两种方式都存在供给失灵的风险。由于电力系统是最复杂的人造物理系统，电网结构复杂、技术要求高，单纯由政府提供可能降低供给效率；但如果单纯由市场机制实现供给，那么难免会出现“挑肥拣瘦”现象，即城市等低成本地区电力普遍服务供给过剩，偏远山村、海岛等高成本地区电力普遍服务供给严重不足，整体实施效果大打折扣，背离了实施电力普遍服务的初衷。为克服单纯由政府或市场供给的缺陷，使市场在资源配置中起决定作用和更好发挥政府作用，只有将政府和市场机制有效结合，才能保障电力普遍服务健康发展。

1. 责任主体

政府之所以是电力普遍服务的责任主体，主要有以下两个原因：

一是基本电力服务是公民享受的基本权利之一。满足人民追求美好生活的电力需要，是公民应享有的基本权利之一，政府有义务实施电力普遍服务，保障每个公民公平享有该项权利。

二是提升农村等贫困地区电力普遍服务水平是决胜全面建成小康社会、打赢脱贫攻坚战的重要措施之一。提升农村地区电力普遍服务水平是国家扶贫工程的重要内容。我国各项扶贫政策或多或少都体现了要提升贫困地区电力普遍服务水平等要求，政府必须肩负起电力普

遍服务的责任，对普遍服务进行立法、规划、监管，彻底解决老百姓用电的问题，真正让老百姓“用得上电、用得起电”。

2. 实施主体

电网企业是我国电力普遍服务的实施主体，主要考虑以下两个方面：

一是电网企业主营业务是为用户提供电力服务，具有独特优势。长久以来，一直由电网企业为用户提供电力服务，具有较强的专业技术优势和完整的技术人才，同时又具有多年供电经验，熟悉当地人口和资源情况，由其实施电力普遍服务既延续了历史惯性，又能发挥专业和本地化优势。

二是我国电网企业大部分属于国有企业，企业性质决定了电网企业必须承担提供电力普遍服务这一社会责任。国家电网、南方电网以及地方电网公司大多属于国有企业，这一特殊的性质和社会地位决定了履行社会责任不仅是国有企业的使命和责任，也是全社会对国有企业的广泛期望和要求。

3. 实施客体

根据我国现阶段的国情，电力普遍服务的客体即全体电力用户。电力普遍服务的客体享有以合理和普遍承担得起的价格享受基本电力服务的权利，电力普遍服务责任主体有义务维护和保障该项权利。

3.3　资金来源

我国电力普遍服务主要依托电网企业作为实施主体开展实施。电力普遍服务的资金来源主要包括三个部分：一是国家对农网改造升级的财政补贴。当前，我国农网改造升级资金，其中约 20％来自国家财政拨款，剩余约 80％由电网企业自筹，后续运维费用亦由电网企业负担。二是输配电费。按照中发9号文及其配套文件要求，对电网企业核定准许成本和准许收入，通过省级输配电费回收成本。三是地方政府对低收入用户的少量补贴。我国经济主要以省为实体，对低收入用户补贴及相关机制，各省政策稍有不同。通常该项资金由省内地方财政负担、由民政部门管理。我国电力普遍服务资金来源关系图如图3-1所示。

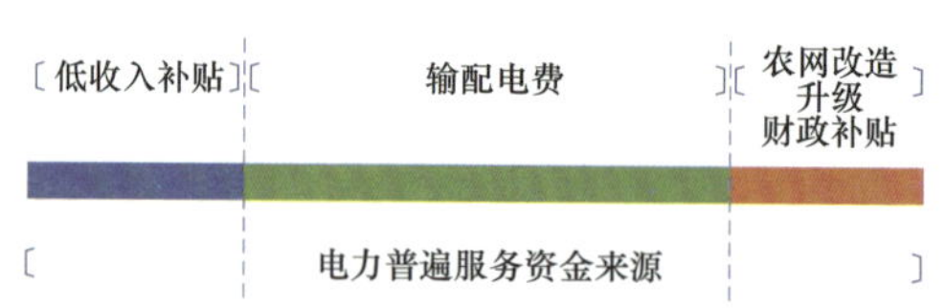

图3-1　我国电力普遍服务资金来源关系图

3.4　实施成效

让全部无电人口都能用上电，是李克强总理在2015年全国“两会”上做出的庄严承诺，也是国家能源局“解决无电人口用电问题三年行动计划”的核心目标。2015年12月23日，青海省全面解决无电人口通电工程竣工投运仪式在西宁市举行，标志着中国最后3.98万无电人口实现通电。至此，除了少部分偏远山区和海岛尚未覆盖外，我国已基本解决无电人口用电问题。

实施农网改造升级，是加快补齐农村电力基础设施和公共服务短板的具体体现，是落实乡村振兴战略、助力打赢脱贫攻坚战的必然要求。从农网改造升级的完成情况来看，国家电网提前一年时间，于2019年完成新一轮农网改造升级目标任务。自2016年开始实施“十三五”新一轮农网改造升级以来，国家电网累计安排投资6444亿元，共

新建、改造 110kV 和 35kV 线路 10.9 万 km，变电容量21 034万 kVA；10kV 及以下线路 85.8 万 km，配电变压器容量23 088万 kVA。经营区内农网供电可靠率达到 99.82%，综合电压合格率达到 99.802%，户均配电变压器容量达到 2.45kVA，“两率一户”指标以省为单位均达到国家要求。南方电网 2018 年农网改造升级任务按期完成。2018 年，南方电网公司建成投产中央投资农网项目 9080 个、“小康用电示范县”项目 6105 个、“中国特色小镇”项目 436 个，全面实现智能电表和低压集抄全覆盖，按期完成了年度工程建设任务，满足了农村生产生活条件的用电需求，并逐步改善了农村生产生活的用电条件。其中，广东电网于 2018 年 11 月宣布已提前实现国家“十三五”新一轮农村电网改造升级的三项关键指标要求。目前，广东电网农村电网供电可靠率达到 99.9%，综合电压合格率达到 99.98%，各地市乡村户均配电变压器容量均达到 2.0kVA，上述指标全面达到国家新一轮农网改造升级工作要求，比国家计划要求的 2020 年实现提前两年，基本实现城乡供电服务均等化，全面建成现代化农村电网。

我国各省区电力普遍服务工作的基础水平不一、客观条件各异，当前仍有极少数偏远山区和海岛存在“用得上电”的电网建设压力，部分地区仍面临“用得好电”的农网升级改造压力。但从全国普遍情况来看，在以电网企业主导实施的现有电力普遍服务机制下，已较好地完成了电力普遍服务任务，总体实现了“用得上电、用得好电”的目标。未来，电力普遍服务任务将逐渐由“用得上电、用得好电”向“优质用电”转变。

3.5　面临的挑战

一是电价存在隐形交叉补贴，不利于厘清电力普遍服务成本疏导机制。长期以来，我国电价存在着较大规模的隐形交叉补贴。近年来，我国居民、农业用电需求逐年上升，交叉补贴规模随之逐年上升，导致价格信号不够清晰，无法准确衡量不同用户承担的电力普遍服务责任水平，难以建立合理有效的电力普遍服务成本疏导机制。

二是输配电价改革后，电力普遍服务成本回收通过电网企业内部进行“转移支付”的机制难以维持。长久以来，我国存在地区发展不平衡的客观事实，为了促进区域间的协调发展，电网企业通过“转移支付”的方式，一盘棋统筹考虑电力普遍服务的实施。输配电价改革后，各省级电网独立进行输配电价核定，对于经济不发达省份，仅靠自身谋求发展，将面临电网投资规模大、运维成本高等问题，其相应的输配电价水平将会提高，所在地区的电力用户将难以独自承受。

三是电力普遍服务的资金来源可能面临减少风险。2018 年至今，为降低实体经济企业成本，国家连续两年降低一般工商业平均电价 10%，2020 年受突如其来的疫情影响，降低一般工商业平均电价 5% 政策持续到年底。以往电网企业通过内部交叉补贴来补偿电力普遍服务的资金缺口将变大，面临的经营压力亦将随之增大。同时，增量配电业务改革背景下，增量配电价格机制尚未完善，容易造成省级电网交叉补贴平衡风险加大。

总体来看，随着电力体制改革的进一步深化推进，亟须探索研究与改革形势相适应的电力普遍服务实施长效机制，既能保障电网企业实施电力普遍服务的成本回收，又能满足人民美好生活需要，提高电力普遍服务水平。

第 4 章

电力普遍服务成本量化

由于电力普遍服务要体现社会福利性和公益性特征，因此在实施电力普遍服务时，应更加关注农网改造升级、低收入居民供电保障等方面。当前，大多数关于电力普遍服务的研究基本围绕着农村地区或边远供电地区、低收入居民的用电服务展开，这是普遍服务重点关注的对象群体，但不是全部对象。从电力普遍服务成本回收的角度看，负责承担电力普遍服务的企业除了为农村地区或边远供电地区、低收入居民提供电力普遍服务产生了成本，为工商业等用户提供电力普遍服务产生的成本亦不容忽视。因此本书面向所有用户，围绕提供电力普遍服务的成本回收问题展开研究。

4.1 成本范畴

成本范畴是影响成本量化最关键的因素之一，通过界定电力普遍服务的范围，从而进一步明确电力普遍服务的成本范畴；成本量化方法是实现成本量化的重要基础条件，涉及成本计量、归集方法和核算体系。

电力普遍服务成本包含输配电服务成本和购电成本两部分，根据服务对象是否参与电力市场交易，购电成本疏导机制存在差异。参与批发或零售市场的用户购电成本通过市场疏导，其电力普遍服务成本未明确部分主要是输配电成本，以及电网企业为电力普遍服务实施所投入的其他成本。而不参与市场的优先售电用户，其电力普遍服务成本中除输配电成本外还应包括购电成本，都需要通过电网企业进行疏导。考虑到无论是通过计划方式还是市场方式，购电成本的形成都较为简单清晰，因此本节重点介绍电力普遍服务中的输配电成本构成。

现阶段电网企业的成本可以分为两部分：一是属于提供电力普遍服务的输变电成本，纳入准许成本通过省级电网输配电价进行回收。

《输配电定价成本监审办法》（简称《监审办法》）和《省级电网输配电价定价办法》（简称《定价办法》）等文件明确了可以纳入电网企业准许成本和不能纳入准许成本的相关内容。二是属于增值服务和个性化差异化服务的成本，现阶段不应纳入省级公共网络进行成本分摊，而应单独制定服务价格进行回收，如高可靠性电价。

电力普遍服务中的输配电成本与《监审办法》所规定的输配电定价成本构成基本相同，包括折旧费和运行维护费。其中，折旧费是对输配电业务相关的固定资产按照《监审办法》规定的折旧方法和年限计提的费用；运行维护费是电网企业维持电网正常运行的费用，包括材料费、修理费、人工费和其他运营费用，具体如下：

（1）材料费指电网企业提供输配电服务所耗用的消耗性材料、事故备品等，包括企业因自行组织设备大修、抢修、日常检修发生的材料消耗，以及委托外部社会单位检修需要企业自行购买的材料费用。

（2）修理费指电网企业为了维护和保持输配电相关设施正常工作状态所进行的外包修理活动发生的检修费用，不包括企业自行组织检修发生的材料消耗和人工费用。

（3）人工费指电网企业从事输配电业务的职工发生的薪酬支出，包括工资总额（含津补贴）、职工福利费、职工教育经费、工会经费、社会保险费用、住房公积金，含农电工、劳务派遣及临时用工支出等。

（4）其他运营费用指电网企业提供正常输配电服务发生的除以上成本因素外的费用。具体如下：生产经营类费用，包括农村电网维护费、委托运行维护费、租赁费等；管理类费用，包括办公费、会议费、水电费、物业管理费、差旅费等；安全保护类费用，包括电力设施保护费、劳动保护费、安全费、设备检测费等；研究开发类费用，包括研究开发费等开展与输配电服务相关的产品、技术、材料、工艺、标准的研究、开发过程中发生的费用支出；价内税金，包括车船使用税、房产税、土地使用税和印花税；其他费用，包括无形资产摊销、低值易耗品摊销、财产保险费、土地使用费、管理信息系统维护费等。

4.2 成本量化原则

按照《监审办法》的规定，电力普遍服务成本量化应遵循以下原则：

（1）合法性原则。计入定价成本的费用应当符合《中华人民共和国会计法》等有关法律法规、国家有关财务会计制度、价格监管制度等规定。

（2）相关性原则。计入定价成本的费用应当限于电网企业提供电力普遍服务发生的直接费用以及需要分摊的间接费用。

（3）合理性原则。计入定价成本的费用应当符合电力普遍服务服务的合理需要，影响定价成本水平的主要经济、技术指标应当符合行业标准或者公允水平。

此外，由于电力普遍服务的特殊性，其成本量化还应遵守以下原则：

（1）非歧视性原则。在多个主体实施电力普遍服务的情况下，应对每个电力企业付出的成本一视同仁，保证成本数据与服务的有效提供相符合。

（2）客观性原则。关于成本的最终决策应由管制者做出，管制者要对促进竞争和满足普遍服务等多个目标进行平衡后做出决策。

（3）可持续性原则。建立的成本量化方法应能持续适应我国电力普遍服务的新形势，既对电力企业起到持续激励作用，也能够使用户享受到的电力服务水平不断提升。

4.3　成本量化方法

电力普遍服务成本量化的方法有很多种，常见的包括按供电类型进行成本量化和按电压等级进行成本量化。

4.3.1　按供电类型进行成本量化

考虑电力普遍服务对象的特点，可按电力普遍服务服务成本水平将服务地区划分为高成本和低成本地区，以及按居民收入水平将用户类型划分为高收入和低收入人群，具体如图 4 - 1 所示。

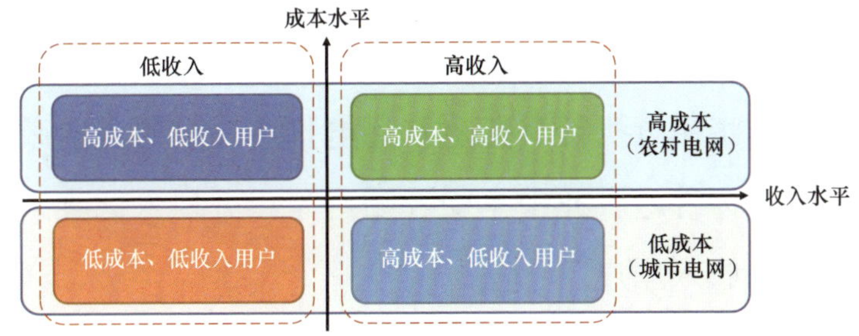

图 4 - 1　电力普通服务用户结构

（1）按高、低成本地区划分。根据不同区域电力普遍服务平均固定成本的高低划分，高成本地区即经济落后、人口密度小的偏远农村，低成本地区即经济发达、人口密度大的城镇。简化考虑，两类地区可认为是农村电网和城市电网。

区分高成本地区和低成本地区，在成本回收方面可针对不同地区的成本特性采取不同的补偿机制，例如低成本地区可按真实成本定价，高成本地区按用户可承受价格定价。采用此模型，需要更多的基础准备工作。一是成本数据有明确的界限划分，即哪些成本属于农村电网、哪些成本属于城市电网；二是与资产对应的电量数据要有明确的划分，即区分各电压等级输送电量中对应农村电网成本和城市电网成本的电量。

（2）按高、低收入水平用户划分。高、低收入水平用户根据居民用户和机构用户情况不同，进行单独区分。

对于居民用户，依据低保户认定标准划分。因建档立卡贫困户仅针对农村户口，不具有普适性，故认为符合低保户标准的用户即为低收入居民用户，其他为高收入居民用户。

对于机构用户，依据当前执行的电价政策划分。根据当前的电价政策，机关、部队、学校、企事业单位集体宿舍的生活用电、社会福利场所生活用电、宗教场所生活用电、城乡社区居民委员会服务设施用电以及监狱监房生活用电等执行居民生活用电价格；农业、林木培育和种植、畜牧业、渔业生产用电，农业灌溉用电，以及农业服务业中的农产品初加工用电执行农业生产用电价格。按照当前政策，这两类用户仍属于电力普遍服务中享受补贴对象，可划入低收入用户，其余机构用户为高收入用户。

区分高、低收入水平用户，在成本回收方面可针对不同类型用户采取不同的补偿机制，例如对低收入用户可以进行用电补贴，可基于实际承受能力定价。采用此模型，同样需要更多的基础准备工作：一是确定低收入用户的补贴额度；二是衡量低收入用户的可承受电价。

4.3.2 按电压等级进行成本量化

考虑与当前电价政策和电网公司管理体系的衔接，与输配电价改革“准许成本＋合理收益”的思路保持一致，依据《定价办法》对“准许成本”量化办法的规定，简化为按分电压等级进行测算，即按邮票法测算分电压等级的真实供电成本

$$C_v = C_d + C_o \tag{4-1}$$

$$C_t = \sum_{v=1}^{n} C_v \tag{4-2}$$

其中：C_v 为某电压等级准许成本，C_d 为某电压等级折旧费，C_o 为某电压等级运维费，C_t 为电网企业总准许成本。各项成本参数的详细取值参照《定价办法》执行。按照此模型，电力普遍服务成本即为电网企业通过省级电网输配电价回收的准许成本。

考虑与我国当前政策和电力企业管理体系的衔接，从可操作性角度出发，可采用按电压等级进行成本量化。未来，在具备更加细致的成本核算条件和更加灵活的电价政策基础上，可进一步考虑地区间交叉补贴（如分地区核算成本）、用户间交叉补贴（考虑用户用电特性）进行成本量化，分摊模型考虑兆瓦公里法、边界潮流法等算法。

第5章

电力普遍服务成本补偿

电力普遍服务具有社会福利性和公益性的特征，是决胜全面建成小康社会，实现社会公共服务均等化的重要手段之一。政府部门是电力普遍服务实施的责任主体，电力企业按照国家规定履行着电力普遍服务实施的义务。为了在实现国家政策目标的同时维持电力企业正常经营需要，电力普遍服务的成本补偿必不可少。如何设计一种“激励相容”的补偿方式，使得电力企业的经营行为与国家推进电力普遍服务政策的要求保持一致，是一个值得探讨的话题。

5.1　补偿机制现状

中共中央、国务院《关于进一步深化电力体制改革的若干意见》（中发〔2015〕9 号）赋予了电网企业按国家相关规定履行电力普遍服务的义务。电网企业作为电力普遍服务的实施者，亦是电力普遍服务实施成本的承担者。具体来说，在实现方式上主要是以省级电网公司内部交叉补贴为主、区域间交叉补贴为辅。

电力普遍服务任务较重的地区通常是农村、海岛等偏远、贫困地区，也是用电量较少、需要补贴较多的区域，这种通过交叉补贴来补偿电力普遍服务成本的方式往往会给欠发达地区的电网企业和工商业用户增加负担。

此外，由于交叉补贴信息不透明，易造成价格信号扭曲，影响投资者投资和用户消费决策。在此种机制方式下，可能导致电网企业缺少内在驱动力去提升高成本地区或对低收入群体的服务水平。而部分消费者由于电价低于成本提高了消费意愿，即部分高收入群体享受了更多的补贴，而使得补贴没有精准投放给最需要的群体，违背了电力普遍服务实施的初衷。同时，交叉补贴方式具有明显的非效率性，会导致用电权的错配，造成社会福利的损失。

5.2 常见补偿方式

目前，常见的电力普遍服务补偿方式主要有三种，分别是成本补偿、价格补偿和收入补偿。其中，成本补偿和价格补偿是对实施电力普遍服务的电力企业进行补偿，收入补偿则是直接对用户进行补偿。

1. 成本补偿

成本补偿是对提供电力普遍服务的电力企业直接进行补偿，是比较直接、容易被企业接受的方式。通过考虑合理收益，建立电力普遍服务成本计量模型，计算电力企业实施电力普遍服务应回收的成本，在成本大于通过电价已回收的成本时，以两者间的差额作为补偿标准，最高不超过准许收入与实际通过电价回收部分的差额。

2. 价格补偿

价格补偿是指采用价格歧视的方式，向电价承受能力较低的用户以低于成本的价格销售，而向电价承受能力较高的用户以高于成本的价格销售，以此来平衡电力普遍服务实施所需的资金缺口。通过企业内部盈利业务或盈利地区获取的超额收入来补偿亏损业务或亏损地区，即企业内部交叉补贴，在自然垄断行业实施此种价格补偿是一种简单、易实施的方式。

3. 收入补偿

收入补偿是指直接对低收入者或社会弱势群体进行货币补贴的方式，以保障低收入用户能够以合理和普遍承担得起的价格享受基本电力服务。给予的补偿额度最高不超过可承受电价与实际电价差额，补偿资金来源可以是电力普遍服务基金或财政补贴。

价格补偿方式在近期其他补偿机制尚未建立、普遍服务实施严重依赖交叉补贴的情况下，不失为一种简单易实施且有利于社会公平的

方式。但随着电力市场化改革进一步深化，市场竞争格局逐渐形成，各竞争主体以利润为目标，依靠价格补偿方式来实现电力普遍服务的适用性会日益削弱。因此，未来可逐步考虑以成本补偿、收入补偿，或两种补偿方式相结合等作为电力普遍服务的补偿机制。电力普遍服务补偿方式对比情况如表 5 - 1 所示。

表 5 - 1　　电力普遍服务补偿方式对比情况

补偿方式	优　势	劣　势	适用条件
成本补偿	企业易于接受	难以准确核算电力普遍服务所引发的成本	有力的监管环境
价格补偿	简单、易控制、易实施	不够透明、效率较低	行政或自然垄断环境
收入补偿	简单有效	低收入人群划分难	社会经济发展到一定水平

5.3　我国电力普遍服务补偿机制

电力普遍服务补偿机制的设计需考虑社会经济发展的不同阶段，以及电力行业自身的特点，遵循“激励相容”原则，促使电网企业的经营行为与国家推进电力普遍服务政策目标保持一致。为此，本书结合当前电力体制改革新形势、新要求，提出近、中、远期电力普遍服务的补偿机制，为电力普遍服务长效发展提供一个可行的实施路径。

5.3.1　近期补偿机制

目前，通过电网企业内部交叉补贴进行价格补偿仍是我国电力普遍服务资金池维持基本平衡的主要方式。以往，电网公司能够凭借较大用户规模实现企业内部交叉补贴的自平衡，但是未来随着输配电价核定的精细化、严格化，配售电环节稳步放开带来盈利性业务的市场化竞争，交叉补贴规模呈逐步扩大趋势，通过企业内部交叉补贴来弥补普遍服务成本将不再具有可持续性。因此，厘清当前电价体系中的交叉补贴水平是推进下一步改革工作的关键。

考虑到多年来我国电价体系中复杂的交叉补贴情况，在当前阶段一步到位取消交叉补贴在实施层面具有较大难度。因此，在近期难以完全取消企业内部交叉补贴的现实情况下，建议仍维持以企业内部交叉补贴方式回收成本，即采用“价格补偿”方式，但是需要准确测算出真实的交叉补贴水平，并将交叉补贴额度体现在用户账单上，使交叉补贴金额显性化，由“暗补”转变为“明补”。

在具体的实施层面，可以从以下几个方面入手。

（1）测算对象：由于电网企业通过输配电价回收准许收入，因此测算对象为输配电价。

（2）测算方式：结合当前的电价政策，可将核价周期内输配电价按真实成本定价的结果和实际执行电价的价差作为交叉补贴额度。

（3）执行时间：考虑到用户对于新政策的适应程度，可以在单独核定的输配电价稳定执行 2～3 个核价周期后实施。

（4）价格水平：在该阶段保持全体用户价格水平与当前实际执行的价格水平一致，仅在电价目录和电费账单中体现交叉补贴额度。

近期由“暗补”变为“明补”的补偿机制可避免直接转变电价模式给经济带来冲击，使补贴规模清晰明确，用户和企业易于接受，为下一步逐渐取消交叉补贴，构建新电改下有效的电力普遍服务成本回收机制奠定基础。

5.3.2 中期补偿机制

交叉补贴作为电力普遍服务实施资金的平衡方式，在历史上发挥了重要的作用。但随着交叉补贴规模的扩大，其负面效应逐步显现，造成了社会福利的损失。中期，在交叉补贴由“暗补”转变为“明补”

之后，可进一步探索逐步取消交叉补贴，而由电力普遍服务基金来支撑电力普遍服务的实施。

该阶段已经明确了各类用户的交叉补贴水平，为尽量避免因电价模式突然转变而增加用户电价承受压力，可以采取逐步减少“明补”、增加电力普遍服务基金占比，亦即建立“明补＋电力普遍服务基金”的混合补偿机制。一方面，通过调低已经显性化的交叉补贴，降低用户的电价水平；另一方面，向全体用户征收电力普遍服务基金弥补交叉补贴降低带来的资金缺口，以保障电网企业实施电力普遍服务的成本回收以及向低收入群体或公益类用户的可靠用电。对于受补贴用户可采用即征即返的方式以保证其电费支出不变。

在具体的实施层面，可以从以下几个方面入手。

（1）逐步减少交叉补贴：在显性化的电价目录中，分多个阶段逐步降低原提供交叉补贴用户的交叉补贴水平，原受补贴用户的价格不做调整（不含基金）。此时，电网企业将面临交叉补贴来源减少的成本补偿需求。

（2）征收电力普遍服务基金：在减少交叉补贴的同时，向全体用户征收电力普遍服务基金用以弥补交叉补贴减少的缺口（包括电网企业以及低收入群体），对于低收入群体采用即征即返方式保证电费支出不变。

（3）执行周期：分多个阶段逐步缩小交叉补贴所占比例，增加电力普遍服务基金所占比例。以四个周期为例，针对同一用户，在转型期第一阶段，电网的成本补偿总额75％来自交叉补贴，25％来自电力普遍服务基金；第二阶段50％来自交叉补贴，50％来自电力普遍服务基金；第三阶段25％来自交叉补贴，75％来自电力普遍服务基金；第四阶段则完全来自电力普遍服务基金。

（4）价格水平：对于原提供补贴的用户，其价格水平将有所下降；

对于原享受补贴的用户（例如居民用户）价格水平（不含基金）不变，但普遍服务基金水平逐步提高。即高收入居民由于缴纳电力普遍服务基金，实际支出增加，而低收入居民由于即征即返的补偿机制，尽管在电价目录中显示价格水平上升，但其实际支出也保持不变。

5.3.3 远期补偿机制

随着社会经济的持续发展，城乡居民收入的逐步提高，远期受补贴的用户群体、资金规模将逐步缩小。到2035年我国基本实现社会主义现代化，人民生活更为宽裕，中等收入群体比例明显提高，城乡区域发展差距和居民生活水平显著缩小，基本公共服务均等化基本实现，全体人民向共同富裕迈出坚实步伐，即可转变为逐步向受补贴用户直接提供补贴的收入补偿方式。

当中期补偿机制进行到最后阶段时，已具备了完全取消交叉补贴的现实条件，且所有需要补偿的额度都可通过电力普遍服务基金来实现。

在具体的实施层面，可以从以下几个方面入手。

（1）核定输配电价：不考虑用户可承受电价水平，所有用户的输配电价都按照真实供电成本进行核定。

（2）收入补偿：为无法承担新核定电价的低收入居民用户提供类似英国的用户关爱计划，使他们承担得起平等的用电服务，而用户关爱计划资金来源是电力普遍服务基金。

通过电力普遍服务基金向低收入群体提供用户关爱计划，在美国、英国等经济较为发达的欧美国家较为普遍。这样既可以保障低收入用户的用电权益，也可以保障企业的正常盈利水平，有利于电力行业的良性循环、健康发展。

第6章

电力普遍服务定价

本章将结合第 5 章所提出的近、中、远期电力普遍服务补偿机制的实施路径，提出分阶段的电力普遍服务定价方法和模型，既激励电力企业提高电力普遍服务的积极性，又能实现用户合理、公平分摊电力普遍服务成本，兼顾其他公共政策目标。

6.1 近期定价方式

近期，电网企业仍通过企业内部交叉补贴方式实现成本回收，并维持交叉补贴总额不变，提供或享受交叉补贴的用户仍按照现行电价政策执行，但明确测算出各类用户提供或享受交叉补贴的额度，使“暗补”变为“明补”。因此，定价的关键首先是准确测算出交叉补贴的实际水平。

6.1.1 交叉补贴测算

由于电力产品和服务成本通常紧密交织在一起，难以清晰地进行成本归集，采用不同的归集方法、公允价格标准都会形成差异较大的交叉补贴测算结果。目前，尚未有被广泛接受的一个公允价格标准，因此本书暂且根据《监审办法》和《定价办法》所核定的输配电价作为公允价格标准或理论输配电价。

根据价差法理论，按照理论输配电价与实际输配电价之间的差额作为交叉补贴。其中，实际输配电价以现行各类用户的购销价差和输配电价为准。价差法是目前接受程度最高和使用范围最广的能源补贴估算方法。其理论框架由 Corden 在 1957 年建立，主要是通过对消费者的补贴来降低能源产品的终端价格，从而达到促进相较于未补贴情况时更多消费的目的。Larsen 和 Shah 在 1992 年将价差法理论引入到公共领域，将价差和弹性相结合，成功估计了能

源补贴的社会和环境成本。国际能源署（International Energy Agency，IEA）则在1999年开始采取价差法分析取消能源补贴对各类用户的影响。

参照价差法思想，建立输配电价的交叉补贴分析模型，即某类用户（或某价区）承担（或享受）的输配电价交叉补贴等于该类用户（或该价区）实际输配电价减去该类用户（或价区）理论输配电价。其中理论输配电价取值为本轮输配电价改革中，根据准许收入核定的全省统一的分电压等级输配电价

$$S_i = (M_i - P_i) \times C_i \tag{6-1}$$

式中：S_i为用户i的交叉补贴水平；M_i为用户i的理论输配电价；P_i为用户i的实际输配电价；C_i为用户i的消费量。当$S_i>0$时，用户享受交叉补贴；当$S_i<0$时，用户提供交叉补贴。

1. 实际输配电价

对于非市场用户，用户的实际输配电价为销售目录电价减去电网企业平均购电成本；对于市场用户，用户的实际输配电价为核定的输配电价。

2. 理论输配电价

计算省级共用网络输配电价的方法较多，以成本定价的角度测算则较为常见。我国目前采取的邮票法是将共用网络准许收入在各个电压等级按输配电成本传导的机制分摊，得到各电压等级的准许总收入，再除以相应电压等级的输送电量即可得各电压等级输配电价。本书采用改进的准许收入分摊方法来计算各电压等级准许收入分摊，并在此基础上测算各电压等级输配电价、电压等级间和用户间的交叉补贴，其基本思路为：首先，根据《定价办法》收集所需财务数据，计算共用网络准许收入；接着，按资产价值将共用网络准许收入分配至各电压等级，从而核算本电压等级准许收入；再接着，按输配电量核算上

一电压等级传导给本电压等级的准许收入，进而将本电压等级准许收入和上一电压等级传导的准许收入相加，得到本电压等级的准许总收入；最后，根据本电压等级的输送电量，计算本电压等级的合理平均输配电价。

6.1.2　交叉补贴调整

测算出交叉补贴总水平后，可通过两种方式调整电价目录。

方式一：维持所有用户现行价格水平，但在电价目录中反映出各类用户真实供电成本和交叉补贴额度。此时，所有用户的最终电价均不做调整，但电价结构中显示承担或享受的交叉补贴额度。

方式二：维持享受补贴用户的价格水平不变，重新调整交叉补贴额在提供补贴用户间的分配。此时，除了电价结构中显示承担或享受的交叉补贴额度外，提供补贴用户的最终电价水平也会发生变化。

方式一维持所有用户现行价格水平，改革阻力较小，施行难度较低；方式二保持享受补贴用户价格水平不变，而在提供补贴用户间重新调整分配，将涉及提供补贴用户间的利益调整问题，如何制定科学、合理、有效的分配机制是一个难点，可能产生较大的改革阻力。考虑到我国实情，近期更适合采用方式一，以减少改革阻力，降低推行难度。

6.2　中期定价方式

中期定价方式是在交叉补贴总额不变的前提下，将一部分普遍服务成本以电力普遍服务基金疏导，另一部分仍按照交叉补贴以价格补偿的方式进行疏导。这样，电力普遍服务定价过程归结为如下两个关键步骤：一是明确交叉补贴（明补）和电力普遍服务基金的分配关系；

二是确立交叉补贴（明补）和电力普遍服务基金各自的收取方式。

1. 交叉补贴（明补）和电力普遍服务基金的分配关系

假设在中期过渡阶段存在 $F+R=S_t$ 的关系。其中 S_t 表示提供的总补贴额度，F 表示电力普遍服务基金提供的补贴额度，R 表示交叉补贴提供的补贴额度。那么，若 $F+R>S_t$，则提供的补贴高于原提供的补贴额度，电力普遍服务基金存在浪费；若 $F+R<S_t$，则提供的补贴低于原提供的补贴额度，可能出现企业无法回收成本或用户无法支付电费的情况。

2. 电力普遍服务基金收取方式

电力普遍服务基金资金来源的三方是用户、电力企业和国家财政，这三方分别承担不同的比例，为 x、y、z，即有如下关系

$$x+y+z=1,\ (0\leqslant x<1,\ 0\leqslant y<1,\ 0\leqslant z<1) \tag{6-2}$$

式中，$x=0$ 为不从用户电价中征收电力普遍服务资金；$y=0$ 为不从电力企业征收电力普遍服务资金；$z=0$ 为国家财政不提供电力普遍服务资金。y 和 z 不在电价中体现，分别由电力企业和国家财政提供。

采用这种征收方式极大地减少了一般工商业用户的交叉补贴负担，且不会对其他用户类别造成过大的负担。一方面，由于 y、z 比例的存在，减少了用户需要承担的补偿总额度；另一方面，对用户的电力普遍服务基金在同一电压等级内统一收取，不区分居民、农业、大工业或一般工商业用户，也没有征收额度的区别，分摊范围更广，每个用户所分摊的额度少。

假设分成 N 个阶段逐步过渡到完全由电力普遍服务基金提供补偿的方式，且 y 和 z 取 0，所有用户按相同标准承担普遍服务基金。则 x 与 F 的乘积即为用户需要承担的电力普遍服务基金总额，Q 是承担电力普遍服务基金的电量，度电基金为 E_F，是直接体现在电价中的部分。

$$E_F = \frac{x \times F}{Q} \tag{6-3}$$

$$F = \frac{n}{N} \times S_t (n = 1, 2, \cdots, N) \tag{6-4}$$

式中，n 为处于中期过渡的第 n 个阶段。

3. 中期电价模型

到达中期第 n 阶段所执行电价水平 E，对于现阶段提供补贴用户的电价和现阶段接受补贴用户的电价有所不同，P 为现阶段电价。

现阶段提供补贴的用户，其第 n 阶段执行电价为

$$E_n = P - E_R + E_F = P + \frac{M - P}{N} \times n + E_F \tag{6-5}$$

式中，E_R 为其第 n 年减少的度电交叉补贴额。

现阶段接受补贴的用户，其第 n 阶段执行电价为

$$E_n = P + E_F \tag{6-6}$$

中期通过逐步减少交叉补贴，并辅以电力普遍服务基金的方式，有助于使价格信号更加清晰，减少由于交叉补贴造成价格扭曲的负面影响，从而通过分阶段降低交叉补贴比重的方式直至完全取消交叉补贴，促进电力普遍服务健康、可持续发展。

6.3 远期定价方式

远期补偿机制下所有用户的用电价格都按照真实供电成本定价，并通过向全体用户征收电力普遍服务基金的方式对低收入用户进行收入补偿。在这里，可考虑按贫困人口认定标准划分受补贴的用户群体，计算其可承受的电价水平，通过与真实成本的对比测算补贴总额，将其作为需要缴纳的电力普遍服务基金总额，向全体用户分摊。

接下来，按照远期补偿机制对补偿对象、补偿方式、补偿标准、

补偿实施和远期电价模型进行说明，具体如下。

1. 补偿对象

直接补偿低收入用户，以类似生命线电价等形式补贴低收入用户后，增加低收入用户使用电力服务的机会，满足用电的基本需求，减少收入分配上的巨大差异。如美国加利福尼亚州制定了一个联邦贫困线收入标准，并据此标准相应制定了 CARE 计划和 FERA 计划。借鉴相关经验，考虑我国建档立卡贫困户仅针对农村户口，不具有普适性的实情，我国关于补偿对象的资格确定，可以依据低保户认定标准来选择用户关爱计划的目标用户。同时，我国低保标准是以家庭为单位经济进行收入计算的，具体收入标准不是按照每个人的经济收入，是指家庭人均收入，可以较好地与“一户一表”相对应。

关于评估关爱计划的资格，一方面可以参考当前优惠电量政策的覆盖范围制定；另一方面，也可以参考国际经验，按照低保用户收入的一定倍数确定。收入低于资格线的用户为目标用户，可以享受收入补偿。政府应当参照各地贫困人口的标准，向符合条件的低收入用户提供基本生活用电补贴，低收入用户也可主动提出申请。此外，也可制定更多计划，使不满足用户关爱计划但符合其他标准的用户也可享受相应的收入补偿，如家庭平均收入满足小于等于 2.5 倍低保户标准，可享受 50%的收入补偿等。

2. 补偿方式

在电力普遍服务基金成立后，该项资金将由电力普遍服务基金承担。考虑到政府性基金及附加通常由电网企业进行代收，在实际补偿用户时可以采用由电网公司即征即返的方式。

3. 补偿标准

具体操作上，可参照各地贫困人口的标准，向符合条件的低收入用户提供基本生活用电补贴。度电补贴水平为

$$S=P_n-P_s \tag{6-7}$$

式中，P_n为指新核定的电价；P_s为指用户可承受电价；S为指用户关爱计划的度电补贴水平。

由此，政府可结合差价，在基本用电量的基础上计算出每个低收入居民需要的补贴额，从而对其进行收入补偿。

4. 补偿实施

首先，计算补贴需求总额。补贴需求总额S_y与目标用户的总用电量Q_y相关，Q_y可依据远期居民生活水平制定最低生活保障电量

$$S_y=S\times Q_y \tag{6-8}$$

接着，确定电力普遍服务基金收取方式。远期的补贴需求总额由电力普遍服务基金承担，依然采取所有电力用户均摊的方式，即度电基金E_F为

$$E_F=S_y/Q \tag{6-9}$$

5. 远期电价模型

最后，由远期电价模型获得远期电价。远期电价E由两部分组成，一部分是按真实成本核定的电价P_n，还有一部分是电力普遍服务基金E_F

$$E=P_n+E_F=P_n+\frac{S_y}{Q}=P_n+\frac{(P_n-P_s)\times Q_y}{Q} \tag{6-10}$$

第7章

我国电力普遍服务实施建议

一是与时俱进，根据地区社会经济发展和人民生活水平制定满足人民美好生活需要的电力普遍服务标准。电力普遍服务是一个动态概念，不同国家或同一国家不同历史时期、不同经济发展水平下，电力普遍服务标准是不同的。我国幅员辽阔，各地区经济发展水平不同，电力供应情况亦不相同，无法用一个统一的定量标准进行衡量，需要因地制宜制定相适应的电力普遍服务标准，从而明确电力普遍服务的业务范围，将相关成本纳入准许成本弥补电力普遍服务实施企业的成本回收。

二是因地制宜，合理评估电力普遍服务实现方式。针对偏远地区电力普遍服务目标的实现，既可以通过扩大电网覆盖范围，也可以建设分布式电源来满足当地的用电需求。需结合当地资源条件，合理选择最经济有效的实现方式。对于电网建设成本高、当地没有可利用能源资源的偏远地区，可通过电网延伸的方式保障电力供应至每一个用户；对于当地拥有可利用能源资源的偏远地区，应有效评估电网建设成本和分布式电源及配套工程建设成本，选择最经济的实现方式。

三是立足长远，进一步明确电力普遍服务补偿机制和资金来源。多年来，电网企业作为实施主体主要通过企业内部交叉补贴的方式履行电力普遍服务义务。当前，在国家降低工商业电价的政策要求、售电放开下电网企业优质客户进一步流失、居民用电比重持续上升等现实情况下，以交叉补贴方式作为实施电力普遍服务的主要资金来源不具有可持续性，电网企业面临严峻的成本回收难题，不利于电力普遍服务实施的可持续性，亟需进一步明确电力普遍服务补偿机制和资金来源。

四是试点先行，逐步推广电力普遍服务电价政策。由于历史等原因，我国电力市场销售电价体系复杂，部分省份存在多个价区之间、

多个用户类别之间，以及不同电压等级之间的交叉补贴，短时间内难以将其完全厘清。考虑到电价调整涉及国计民生，应循序渐进、逐步探索，平稳过渡到合理水平。

第8章

小　结

本书第 1 章论述了国内外电信、邮政、铁路、电力行业普遍服务的内涵，再结合我国实情，进一步阐释了电力普遍服务内涵，即基于国家制定政策，由电力企业具体实施，确保所有用户都能以合理和普遍承担得起的价格享受基本电力服务。

第 2 章介绍了部分典型国家实施电力普遍服务的具体情况，分别对美国、法国、日本三个发达国家以及印度、孟加拉国两个发展中国家开展电力普遍服务的工程实践以及相关法律保障进行了梳理。通过借鉴各国电力普遍服务实施经验，结合我国具体国情和行业现状，总结归纳出我国开展电力普遍服务的启示，包括建议电力普遍服务实施应基于公平公正原则无差别对待所有服务对象，普遍服务基金征收范围扩大至全体用户，进一步明确资金来源和补偿机制，以及建立健全完备的配套法律法规。

第 3 章概述了我国电力普遍服务相关政策及规定，分析了电力普遍服务实施资金的来源结构，包括国家对农网改造升级的财政补贴、输配电费、地方政府对低收入用户的少量补贴等。目前，我国已基本解决无电人口用电问题，总体实现了“用得上电”“用得好电”的目标，下一步电力普遍服务的重点任务将向“优质用电”转变。同时，我国电力普遍服务实施仍面临不少严峻挑战。如电价存在交叉补贴，不利于厘清电力普遍服务成本疏导机制；输配电价改革后，电力普遍服务的“转移支付”机制难以维持；电力普遍服务的资金来源可能面临减少风险等。

第 4 章探究了电力普遍服务的成本量化和回收问题，论述了电力企业提供电力普遍服务应纳入准许成本范围，通过省级电网输配电价进行回收。考虑与我国当前政策和电力企业管理体系的衔接，从可操作性角度出发，初期适宜采用按电压等级进行成本量化模型。未来，在具备更加细致的成本核算条件和更加灵活的电价政策的基础上，再进一步采取按供电类型进行成本量化。

第5、第6章对比分析了成本补偿、价格补偿、收入补偿等三种常见补偿方式的优劣势及适用情景。在此基础上，提出了适应当前电力体制改革形势的近、中、远期的补偿机制及定价方式。近期仍维持以交叉补贴方式回收成本，但准确测算出真实的交叉补贴水平，由“暗补”转变为“明补”。中期逐步取消交叉补贴，由电力普遍服务基金来支撑电力普遍服务的实施，此时对于受补贴用户则采用即征即返的方式以保证其电费支出不变。远期转变为向低收入用户直接提供补贴的收入补偿方式，而不用考虑用户可承受电价水平，输配电价以准许成本加合理收益进行核定。

第7章提出我国电力普遍服务实施的政策建议，包括要与时俱进，根据地区社会经济发展和人民生活水平制定满足人民美好生活需要的电力普遍服务标准；因地制宜，合理评估电力普遍服务实现方式；立足长远，进一步明确电力普遍服务补偿机制和资金来源；试点先行，逐步推广电力普遍服务电价政策，降低电价调整可能带来的冲击。

第二部分　电力保底服务

第9章

电力保底服务内涵

电力保底服务是伴随电力市场化改革的推进和竞争性售电业务的兴起而出现的。在保障电力供应、维护市场稳定等方面，电力保底服务发挥了压舱石的作用。由于世界各国的国情及电力市场化进程存在差异，不同国家和地区关于电力保底服务的内涵也不尽相同。本章主要介绍国内外关于电力保底服务的典型表述，并总结提炼新形势下我国电力保底服务的内涵。

9.1　国外典型表述

在国际上，并不是每个国家都对电力保底服务有明确且一致的定义。不同国家电力保底服务的命名方式多种多样，含义偏重也不同。

从欧洲来看，欧盟能源监管合作机构（Agency for the Cooperation of Energy Regulators，ACER）2018 年发布的年度报告显示，欧洲各国将电力保底服务统一称为 Supply of Last Resort（SoLR），但每个国家提供的服务侧重点不同，欧洲主要国家电力保底服务内容具体如表 9-1所示。其中，前两种类型的服务在部分国家和地区或相关文献中又被称为默认服务（Default Service，DS）。

表 9-1　　　　欧洲主要国家电力保底服务内容

服务内容	国家
对低收入人群的供电服务	奥地利、比利时、塞浦路斯、西班牙、芬兰、挪威、瑞典
对不进入市场用户的供电服务	塞浦路斯、捷克、爱沙尼亚、西班牙、意大利、卢森堡、拉脱维亚、挪威、波兰、瑞典
对因电力供应商（包括配电公司和售电公司）出现倒闭等问题而中止合同的用户提供服务	奥地利、塞浦路斯、捷克、德国、丹麦、西班牙、芬兰、英国、希腊、克罗地亚、匈牙利、意大利、卢森堡、拉脱维亚、立陶宛、荷兰、挪威、波兰、葡萄牙、罗马尼亚、瑞典、斯洛文尼亚、斯洛伐克

注　来源于《ACER/CEER Annual Report on the Results of Monitoring the Internal Electricity and Natural Gas Market》。

从美国来看，各州的表述也不相同。美国联邦能源管理委员会（Federal Energy Regulatory Commission，FERC）网站上公布的相关法案或议案显示，美国各州对电力保底服务的表述主要有 Default Service（DS）、Standard Offer Service（SOS）、Basic Generation Service（BGS）和 Provider of Last Resort（PoLR）四种；从服务内容上大致分为两类，一是为未进入市场的用户（通常是住宅或者小型工商业）提供服务；二是为无法获得竞争性电力零售商服务的用户提供服务。

美国部分地区电力保底服务内容如表 9-2 所示。

表 9-2　　美国部分地区电力保底服务内容

服务名称	服务内容	地区
Default Service（DS）	对未进入市场的用户供电（通常包括居民及小型 工商业用户）	马萨诸塞州、弗吉尼亚州、加利福尼亚等
Standard Offer Service（SOS）	对未进入市场的用户供电（通常包括居民及小型 工商业用户）	马里兰州、缅因州、特拉华州、俄亥俄州等
Basic Generation Service（BGS）	对放开选择权但未选择供应商的用户供电	新泽西州等
Provider of Last Resort（POLR）	对未进入市场或无法获得竞争性电力零售商服务的用户供电	宾夕法尼亚州、德克萨斯州、新英格兰等

从澳大利亚来看，澳大利亚能源监管机构（Australian Energy Regulator，AER）在《国家能源零售法》的框架下制订了 Retailer of Last Resort（RoLR）计划，并负责 RoLR 的修订和维护等工作，旨在确保当零售商出现经营问题无法继续提供服务时，相关用户能及时获得电力供应。

新加坡是亚洲地区第一个拥有竞争性电力批发市场的国家。对于居民用户而言，一直以来由新加坡能源有限公司（Singapore Power

Ltd.）作为唯一电力零售商提供售电服务，其在电力法规中明确了电力供应商拥有管制电力供应的义务（Regulated Supply Service）。2018 年底开始，新加坡分 4 个区域针对居民用户逐步放开了零售市场，新加坡能源市场管理局（Energy Market Authority，EMA）在电力零售许可证中提到：当出现 RoLR 情况时，在规定的时间内若用户没有选择新的供应商，则由默认服务供应商（Default Supply）进行供电。

总体来看，典型市场化电力体制国家实施电力保底服务的方式通常有两种：一是为不进入市场的用户提供保底服务，旨在为用户提供替代参与市场竞争的另一种电力合同选择；二是为进入市场后因售电公司（或配电公司）破产等原因无法继续在市场中获得竞争性电力服务的用户提供保底服务，旨在使用户享受安全稳定的电力供应，防止在电力供应商发生破产或其他事件时，用户无法正常用电。

9.2　我国常用表述

对于电力保底服务，目前我国尚没有文件专门针对这一名词给出清晰明确的定义，但是在国家层面发布的电力体制改革和电力市场建设的相关政策文件中，多项文件涉及保底服务内容，如表 9-3 所示。

表 9-3　　我国相关政策中对电力保底服务的表述

编号	时间	文件名称	电力保底服务相关规定
1	2015 年	《关于进一步深化电力体制改革的若干意见》（中发〔2015〕9 号文）	第 17 条 电网企业应无歧视地向售电主体及其用户提供报装、计量、抄表、维修等各类供电服务，按约定履行保底供应商义务
2	2015 年	《关于推进电力市场建设的实施意见》	第 4 条第二款 对于符合准入条件但未选择参与直接交易或向售电企业购电的用户，由所在地供电企业提供电力保底服务并按政府定价购电

续表

编号	时间	文件名称	电力保底服务相关规定
3	2015年	《关于推进售电侧改革的实施意见》	第2条 当售电公司终止经营或无力提供售电服务时，电网企业在保障电网安全和不影响其他用户正常供电的前提下，按照规定的程序、内容和质量要求向相关用户供电，并向不参与市场交易的工商业用户和无议价能力用户供电，按照政府规定收费。若营业区内社会资本投资的配电公司无法履行责任时，由政府指定其他电网企业代为履行
4	2015年	《关于有序放开发用电计划的实施意见》	第6条 供电企业仍承担保底供电责任，确保市场失灵时的基本保障
5	2016年	《有序放开配电网业务管理办法》	第19条 配电网运营者向居民、农业、重要公用事业和公益性服务等电力用户，具备市场交易资格选择不参与市场交易的电力用户，售电公司终止经营、无法提供售电服务的电力用户，以及政府规定暂不参与市场交易的其他电力用户实行保底供电服务
6	2016年	《售电公司准入与退出管理办法》	第6条 拥有配电网运营权的售电公司除上述准入条件外，还需承诺履行电力社会普遍服务、保底供电服务义务。 第18条 售电公司被强制退出，其所有已签订但尚未履行的购售电合同由地方政府主管部门征求合同购售电各方意愿，通过电力市场交易平台转让给其他售电公司或交由电网企业保底供电，并处理好其他相关事宜。 第21条 拥有配电网运营权的售电公司申请自愿退出时，应妥善处置配电资产。若无其他公司承担该地区配电业务，由电网企业接收并提供保底供电服务
7	2018年	《积极推进电力市场化交易、进一步完善交易机制的通知》 附件《全面放开部分重点行业电力用户发用电计划实施方案》	第3条 已参加市场化交易又退出的电力用户，在再次参与交易或通过售电公司购电前，由电网企业承担保底供电责任，执行保底供电价格

基于上述文件，结合我国电力市场建设运营实际情况，我国电力保底服务的内涵主要涉及三个方面的内容：一是保底服务的提供方；二是保底服务的对象；三是保底服务的类型。

对保底服务提供方，文件一共给出三种描述。一是电网企业或供电企业（包括地方电力公司、趸售县供电公司）（文件 1、2、3、4、6、7）；二是配电网运营商（文件 5）；三是拥有配电网运营权的售电公司（文件 6）。根据文件 3 和文件 6，首先应由用户所在营业区的配电网运营商提供保底服务，当配电网运营商无法履责，则由电网企业进行保底服务。

对保底服务对象，文件中表述一共包括以下几类用户：一是对于符合准入条件但未选择参与直接交易或向售电企业购电的用户，也叫具备市场交易资格但选择不参与市场交易的电力用户（文件 2）；二是当售电公司终止经营或无力提供售电服务的电力用户（文件 3、5）；三是居民、农业、重要公用事业和公益性服务等电力用户，以及政府规定暂不参与市场交易的其他电力用户（文件 5）；四是已参加市场化交易又退出的电力用户（文件 7）。

对于保底服务类型，一是售电业务（文件 2、3）；二是配电业务（文件 6）。

9.3　本书的表述

结合国内外关于电力保底服务的表述，考虑到我国当前配售电改革的阶段性背景，本书将当前形势下我国电力保底服务的内涵表述为：向无议价能力的用户、符合市场准入条件但不进入市场的用户、因售电公司或用户自身原因终止合同履约退出市场的用户、配电网运营商退出经营的用户等提供的保障性电力服务。

结合国内外电力保底服务的内容和政策要求，基于现阶段我国的实际情况，可将我国电力保底服务划分为两大类五小类，如表 9-4 所示。

表 9-4　　我国电力保底服务内容

主要类型		服务场景
售电保底服务	非市场用户供电服务	向居民、农业、重要公用事业和公益性服务等未放开选择权的用户提供保底服务
	默认服务	向符合市场准入条件但不进入市场的用户提供保底服务
	最后供应商服务	向因用户自身原因终止合同履约退出市场的用户提供保底服务
		向因售电公司原因终止合同履约退出市场的用户提供保底服务
配电保底服务	短期过渡服务	在配电网出现暂时性运营困难的情况下提供保底服务
		在原配电网业主退出运营，下一业主未到位期间提供保底服务
	长期承接服务	在原配电网业主退出运营，无新业主承接配网情况下提供长期运营服务

考虑当前中国的用电计划仍处于逐步放开状态，电力行业改革按照计划与市场双轨道推进，表 9-4 中售电保底服务类型中非市场用户供电服务和默认服务仍处于计划范畴，现阶段不存在特殊供电服务机制，供电方式与传统的计划方式无异。因此，本书将重点探讨售电保底服务类型中的最后供应商服务以及配电保底服务。

第10章

国外典型国家电力保底服务实施情况

不同国家或地区电力保底服务的实施情况与当地的国情制度、电力体制、售电市场放开程度等因素密切相关，各国在电力保底服务的内容、价格机制、实施流程等方面也存在一定差异。本章选取美国、欧洲、澳大利亚和新加坡等市场化改革先行国家和部分地区，分别介绍了当地电力保底服务的实施情况，并总结提炼可借鉴的经验。

10.1 美国

10.1.1 德克萨斯州（简称“德州”）

1. 电力保底服务背景

1999年德州立法机构通过了参议院7号法案，启动了德州电力零售市场的解除管制过程。该法案规定2002年1月1日起，德州零售电力市场开始运行，授予用户选择电力售电公司的权利。7号法案允许一体化电力公司成立独立的售电公司（Retail Electricity Provider，REP），即关联售电公司。德州公用事业委员会（Public Utility Commission of Texas，PUCT）要求某一供电区域内的关联售电公司成为当地保底服务商，并为当地未选择新供电商的用户供电。2002年开始，德州电力用户可以离开关联售电公司，选择其他新的售电公司，也可以以低于费率冻结期零售电价（Price to Beat，PTB）6%的价格，继续由关联售电公司供电。

德州市场零售竞争相当激烈。自放开管制以来，约85%的商业和工业消费者至少已经切换过一次电力供应商，约有40%的住宅消费者已从原有的现有供应商转变为具有竞争力的售电公司，也陆续出现了售电公司倒闭的情况。在找到新的售电公司之前，用户不得不依靠电力保底服务供应商提供电力服务。

2. 电力保底服务类型

德州的电力保底服务（Last Resort Service，LRS）主要为失去原有供电合同的用户提供保底服务。PUCT 指定 LRS 供应商作为每个地区的备用电力服务供应商，以保证电力市场的正常运行。由于包含与规划相关的服务成本、服务于不确定电力负荷以及不确定用户数量的风险成本，LRS 的价格相对较高。例如 AEP Texas Central 区域为住宅用户指定的 LRS 供应商的服务价格中，电能价格定为批发市场集中竞价实时结算价格的 120%。LRS 服务是暂时的，当用户已选择的售电公司出现倒闭时，由于部分售电公司没有与美国德州电力管理委员会（Electric Reliability Council of Texas，ERCOT）结算其所欠的电费，造成了用户不能从原有售电公司索回其预付的押金，同时这些用户也失去了低价的供电合同。一些不满的用户在找到新的售电公司后，拒绝向保底售电公司（即 LRS 供应商）支付保底服务期间的电费，造成保底售电公司巨额电费拖欠。2009 年开始监管机构针对这一情况，强化了以下法规：

（1）售电公司注册要求。售电公司注册时必须出示 50 万美元保证金，用于低收入用户的押金保护。

（2）降低保底供电服务电价，从趸售电价的 130%降低到 120%。协助低收入用户向保底售电商支付押金，降低用户切换供电商所需时间，加大用户风险的保护措施等。

（3）当用户被切换到保底售电商时，ERCOT 必须要加强对用户的提示。

3. 电力保底服务商选择机制

2007 年以前，由政府指定保底服务商——即德州政府指定与当地运营输配电网的公用事业公司有关联的售电公司向其附属输电和配电公司服务区域内的峰值需求低于 1 兆瓦的零售用户提供电力保底服务。

2007年以后，州政府通过自愿申请确定保底服务商——即以售电公司申请＋政府审核的方式确定电力保底服务商。

4. 电力保底服务价格机制

（1）政府管制电价。2007年以前，德州政府要求关联售电公司向其附属的输电和配电公司服务区域内峰值需求低于1兆瓦的零售用户提供电力保底服务。经PUCT批准，电力保底服务的价格可以依据改变的天然气价格或购买的煤炭价格，每年调整两次，这个电价称为“购电底价”（即PTB），受到PUCT监管。如果PTB影响到关联供电商的财务完整性，或该供电商可以证明市场燃料价格因素对其能源购买产生影响，监管机构可以据此调整PTB。购电底价意在限制关联售电商定价，为新进入者降低门槛。

由于对于新进入的售电公司，只要求其售价不高于PTB，而对下限没有要求，因此电力保底服务的PTB设定对零售市场有较大影响。如果PTB设置过低，则会妨碍竞争引入，新进入的售电公司对于用户将没有吸引力；如果设置过高，又会导致用户蜂拥切换售电公司，影响市场的稳定运行。

（2）招标定价。2007年以后，美国德州电力市场中出现向PUCT备案的自愿提供PoLR服务的售电公司（Voluntary Retail Electric Providers，VREP）。愿意提供电力保底服务的竞争者提出电力保底服务电价的报价，由政府确定谁成为保底服务供应商。该价格的持续时间是预先规定的，可以是一年或其他时间长度。这些VREP向PUCT提交最后供应商服务费率（包括适用服务区域内相应客户等级的所有输配电费用、ERCOT行政费用，节点费用或附加费等）。此外，VREP还需要提交服务区域、服务时长、提供服务的客户类别信息和以兆瓦为单位的零售额。所有的VREP还应提供有关其技术能力和财务能力的信息。

10.1.2　马萨诸塞州

1. 电力保底服务背景

马萨诸塞州是美国第一批开放所有用户对售电公司选择权的州。放开零售市场后，各类型用户可以自由选择售电公司。其中，大型工业客户中切换到竞争性售电公司的比例较高，而住宅用户和小型商业用户的切换比例相对较低。为了保障用户在竞争性的售电市场中获得持续可靠的供电服务，马萨诸塞州在电力重组法规中提出了电力保底服务的相关要求。

2. 电力保底服务类型

在改革的过程中，马萨诸塞州出现过两类电力保底服务：标准报价服务（Standard Offer Service，SOS）和默认服务（Default Service，DS）。

其中，SOS 主要由现有公用事业公司向所有给予进入市场权利但选择不进入市场的用户提供服务；也适用于在某些情况下进入市场后选择退出市场的用户，例如选择了竞争性售电公司但在 120 天内返回原供电公司的老用户、低收入用户等。SOS 仅应用于七年的零售市场过渡期（至 2005 年 3 月 1 日）。

DS 适用于在零售市场放开后进入该公共事业公司服务区域的用户，以及在参与竞争市场后希望返回计划管制的用户。马萨诸塞州能源和电信部（Department of Telecommunications and Cable，DTE）决定，在 DS 发电采购和 DS 定价机制得到充分实施前，公用事业公司先暂时为那些有资格获得 DS 的用户提供 SOS。在 2005 年 2 月之后，如果住宅用户无法在竞争市场中获得或维持电力服务，则 DS 服务将成为他们唯一的服务。

3. 电力保底服务商选择机制

马萨诸塞州中，受监管的公用事业公司被授予电力保底服务商身份。根据规定，公用事业公司可以通过其自己的发电资产、向发电厂商直接购电或参与批发市场集中交易等方式提供电力供应。公用事业公司有以保底价格提供服务以及获得收入的权利和责任。从享受电力保底服务的用户角度来看，服务提供商没有改变。消费者仍然从公用事业公司收到服务账单，并继续联系公用事业公司了解计费、计量和任何其他与发电相关的问题。

4. 电力保底服务价格机制

马萨诸塞州的DS费率与SOS费率分开核定。

（1）SOS的定价方式。SOS费率通过由公用事业公司提出价格调整申请，DTE审批的方式确定。曾经在2000年末出现过批发市场燃料价格上涨，公用事业公司向DTE要求大幅增加SOS费率的情况。当时，公用事业公司要求进行燃料条款调整，包括降低10%～15%的税率等措施。2000年12月4日，DTE确认了这些公用事业公司确实因为燃料成本的上升而已经向发电商延迟支付购电费用，于是同意更改SOS价格以反映公用事业公司的实际成本情况，但强调每次调整都需要核对提供SOS所产生的实际费用。

（2）DS的定价方式。DS费率通过基于燃料价格调整等方式确定。DTE要求，公用事业公司的DS价格需要反映批发市场中一定时期内的平均电价。价格周期固定为六个月，或基于六个月期间的月份可变利率。新的DS于2001年1月1日生效，这些DS费率大大高于标准报价服务费率。

10.1.3 新泽西州

1. 电力保底服务背景

根据《1999年电力折扣和能源竞争法》，新泽西州启动了从受监管的零售市场向竞争性零售电力市场的过渡。放开零售市场管制后，

用户拥有选择竞争性售电公司的权力，但用户也可以选择不进入市场，继续由当地公用事业公司提供电力供应。

2. 电力保底服务类型

新泽西州的电力保底服务（Basic Generation Service，BGS）主要向有选择权但不进入市场的用户提供电力供应服务。

3. 电力保底服务商选择机制

新泽西州公共事业委员会（New Jersey Board of Public Utilities）每年在全州范围内组织拍卖，以确定由谁来提供电力保底服务。中标者以及本地的公用事业公司均需要为不选择竞争性售电公司的用户提供电力服务。

4. 电力保底服务价格机制

根据第 697 号法令的规定，电力保底服务的价格应以成本为基础。由于保底服务的电价水平低于从批发市场购买的电力价格。因此，部分拥有选择权的用户倾向于不进入市场而选择由保底服务供应商提供电力服务。

10.2　欧洲

10.2.1　英国

1. 电力保底服务背景

从 1989 年起，基于逐步完善推进的法规政策，英国实施了 4 个阶段的电力市场化改革，在发电、输电、配电和售电四个环节全方位地引入私有化和竞争，建立了公平、透明和开放的电力交易市场。在第一阶段的改革中，英国将竞争引入售电环节，2000 年进一步制定了统一的电力零售业务执照，标志着在法律上确立了电力供应商这样一个概念和商业实体。

随着售电主体的不断增加，2008 年英国能源监管机构（The Office of Gas and Electricity Markets，Ofgem）首次发布了关于电力保底服务商（SoLR）的指导手册，该协议是 Ofgem 处理售电公司经营失败时的唯一操作指南。此后，《2011 年能源法》赋予了 Ofgem 选择保底服务供应商的权力。2016 年，Ofgem 更新了 SoLR 指南，明确了在售电公司经营失败时各参与机构的角色定位，给出了售电公司如何征求政府同意令其成为 SoLR 的方式、政府指定 SoLR 的决策方式等，同时给出了处理失败售电公司用户财务的详细步骤。

2. 电力保底服务类型

英国的电力保底服务主要指最后供应商服务。在竞争激烈的市场环境中，售电公司有时会出现倒闭的情况。尽管售电公司可以将其售电合同进行转让，但不是每一次都能成功转让出去。为了保护现有和未来消费者的利益，Ofgem 认为仍然需要对市场进行干预，确保所有的用户能够继续获得电力供应。因此，Ofgem 会根据市场情况适时启动电力保底服务。

3. 电力保底服务商选择机制

（1）自愿申请。Ofgem 将所有电力供应商都视为潜在的保底服务供应商，所有的潜在供应商都可以主动申请成为保底服务供应商。Ofgem 会定期要求所有潜在供应商提供一系列信息，用于评估是否影响其成为保底服务商的能力，例如为用户办理供电合同转移的流程以及时长、如何与用户取得联系启动保底服务、如何处理用户提出的问题、如果提供保底服务的成本无法完全通过电费回收时是否需要额外补偿等。通常，Ofgem 希望成为 SoLR 的供应商能够更好地满足用户的利益，并确保保底服务供应商能够提供在不显著损害其继续为现有用户供电以及履行合同义务能力的前提下增加用户，尤其希望保底服务供

应商能够负担自己的费用，不需再通过其他方式对其进行额外补偿。

（2）政府指定。如果没有合适的供应商自愿成为保底服务供应商，Ofgem 有权经过统筹评估各供应商提供的相关信息后，在未经供应商同意的情况下指定任何一个电力供应商成为保底服务供应商。

同时，Ofgem 也会评估启动电力保底服务的可行性。当某个电力供应商出现履约问题时，如果 Ofgem 认为保底服务不可行，可以向国务大臣申请能源供应公司的行政命令，即任命一个能源管理员（Energy Administrator），该能源管理员将扮演法院官员的角色，并作为该电力供应商的代理人行使和履行职责，继续与用户签订合同，以最低的实际成本向用户提供电力供应，直到该公司走出经营危机、业务转卖给另一家公司，或者用户找到下一家电力供应商。

4. 电力保底服务价格机制

主要采用供应商自行定价、政府审批的方式。保底服务供应商根据其为用户供电的合理成本以及应有利润自行定价，其价格相对于固定费率价格会有所上涨，但供应商必须向 Ofgem 证明其为新客户提供的费率不会超过“合理的供应成本（包括在短时间内购买电力所产生的成本）以及合理的利润”。用户与保底服务供应商签订的保底供电合同称为“视为合同”（Deemed Contract），意味着用户在没有选择的情况下短暂为其安排的合同。这一个合同的期限为用户与保底服务商签约到选择与其他供应商签约的期限，即使用户没有找到新的供应商，合同的最长期限也不能超过六个月。

10.2.2　法国

1. 电力保底服务背景

2000 年法国开始进行电力体制改革，制定了《关于电力公共服务事业发展和革新的法律》（又称新电力法），逐步放开零售市场的用户选择权。依据法律规定，法国用户选择权的放开从大用户开始，之后逐步扩展到中小用户，前后历经十余年。

为了避免拆分带来的交易成本增加推高电价，从而影响法国诸多工业集团的产品在国际上的竞争优势，同时也为了保障法国电力集团（Électricité de France，EDF）庞大的业务体系以更好地拓展国际业务，法国并未拆分 EDF，只是将垂直一体化的 EDF 发、输、配、售各环节的财务进行独立核算。EDF 将输电资产组建成法国输电公司（Réseau de Transport d'Électricité，RTE），RTE 为 EDF 的全资子公司，独立运营；将配电资产组建成法国配电网公司（ErDF），ErDF 为 EDF 的全资子公司，负责运营自身所拥有的配电资产，地方政府所有的配网资产以租赁方式特许 ErDF 运营。EDF 作为默认售电商，在以政府制定的管制电价向用户供电的同时，还可以参加售电市场竞争。目前，EDF 售电公司拥有法国大部分的售电市场份额，其他售电公司市场份额只占很少一部分。法国售电市场放开过程如表 10 - 1 所示。

表 10 - 1　　法国售电市场放开过程

阶段	用户选择权放开
一	2000 年，放开用电量达到 16GWh 的用户选择权（20%）
二	2003 年，放开用电量达到 7GWh 的用户选择权（37%）
三	2004 年，放开全部非居民用户选择权（70%）
四	2007 年，放开全部用户选择权（100%）

2. 电力保底服务类型

考虑到 EDF 占据了法国售电市场的大部分份额，其电力保底服务的内容更多体现在默认服务上。从法国政府与 EDF 签订的公共服务合同内容来看，法国政府要求 EDF 向其供电区内未放开选择权的用户提供低成本的电力供应；向困难用户提供降低用电量、方便交费、寻求

电力设备改造资金、安装合适电表等服务。此外，法国还建立了跟踪机制以保证保底供电服务效率，成立了由财政部牵头的多部委跟踪委员会，对 EDF 的公共服务合同执行情况进行跟踪。

3. 电力保底服务商的选择机制

法国政府与 EDF 签订公共服务合同，委托 EDF 承担保底供电商义务，同时，对保底供电的电能质量、供电安全、电网维护及服务质量等方面均提出了明确的要求，确保保底供电服务内容透明且能保障 EDF 的经济利益。

4. 电力保底服务价格机制

EDF 为不选择进入市场的用户提供保底供电服务，最大特点是重视用户的选择权，提供了“监管电价”和“优惠电价”两种选择。

其中，“监管电价”由能源监管委员会制定，下设蓝色、绿色和黄色三个电价选项，三种选项下又根据季节、日期、时段和利用小时数等指标设置细分选项。2015 年 12 月 31 日后，EDF 取消了黄色和绿色电价选项，只保留“蓝色电价”，统计显示，截至 2018 年 6 月，EDF 的“蓝色电价”选项占有 84%的售电份额。

“优惠电价”选择包括价格固定的保障型合同、历史核电电价指数 ARENH 联动合同、价格每 10 分钟更新的负荷曲线合同、夜间电价极低的充电汽车合同、合同期限仅 28 天的临时用电合同等。

10.2.3　其他欧盟国家

1. 电力保底服务类型

如本书 9.1 节所示，欧盟主要国家的电力保底服务类型大致可以分为三类：一是针对低收入人群的供电服务，其内涵接近于常用的普遍服务；二是对不进入市场的用户提供的供电服务，其内涵接近于常用的默认服务；三是为经营失败的售电公司的用户提供的供电服务，在大多数国家称为最后供应商服务。

欧盟 90％的成员国都拥有电力保底服务供应商，其中最为普遍的目的是为电力供应商破产或经营许可证被撤销，以及配电系统运营商故障等问题建立预防机制，因此，23 个国家的电力保底服务都包含了第三种类型。同时，超过 10 个国家的电力保底服务同时涵盖了以上两到三种类型。

2. 电力保底服务商选择机制

鉴于欧盟各国国情及电力体制差异较大，既有采取政府指定保底服务商的方式，也有通过招标手段确定保底服务商的方式。具体情况如下：

一是指定配电网运营商或配电公司中法律独立的售电公司作为本区域的电力保底服务供应商，如比利时。

二是采用市场招标方式确定，如捷克、意大利、波兰。其中，捷克的保底供应商从垂直一体公用事业公司过渡为市场招标选定，这些保底供应商必须对居民用户及小用户提供保底服务，且没有时间限制，而他们对于其他类型的客户提供的保底服务则限制在 3 个月内。波兰如果没有供应商参与投标，则监管机构将直接指定为期 12 个月的保底服务供应商。

三是市场份额最大的售电商为保底服务供应商。例如，德国规定拥有网络区域内的大部分用户的供应商作为为期 3 年的默认供应商；荷兰由市场份额最大的售电商作为保底服务商；在芬兰，政府规定每一个供电区域内市场份额最大的售电商有义务以合理价格提供电力保底服务。

四是售电公司自愿申请。例如，奥地利任何售电公司都可以作为保底服务供应商；匈牙利要求售电公司自愿作为志愿的保底服务供应商。

3. 电力保底服务价格机制

从定价方式来看，欧盟在电力保底服务的定价机制方面并没有对各成员国给出统一的指导方案，但多数国家的监管机构都对定价进行了某种程度的干预。部分国家只采取某一种定价方式，部分国家存在好几种定价方式，如表 10-2 所示。

表 10-2　　欧洲部分国家电力保底服务价格形成方式

定价方式	国家
保底服务供应商自主定价，不受任何限制	塞浦路斯、德国、芬兰、克罗地亚、荷兰、瑞典
保底服务供应商根据事先制定的规则*定价	塞浦路斯、奥地利、丹麦、爱沙尼亚、拉脱维亚、挪威、波兰、斯洛文尼亚、斯洛伐克
保底服务供应商自主定价，并由国家监管部门审批	比利时、英国、爱尔兰、希腊、卢森堡、罗马尼亚、斯洛伐克
由监管机构定价	捷克、西班牙、意大利、葡萄牙
在法律文件中规定	匈牙利

* 例如与电力批发市场特定交易日的平均价格直接相关、等于现货市场价格与监管机构事先批注的预定附加费之和等。

从价格水平来看，大多数国家电力保底服务的价格都高于非保底服务供应商的价格水平，如表 10-3 所示。

表 10-3　　欧洲部分国家电力保底服务的价格水平

国家	价格水平
奥地利	取决于保底服务供应商提供的标准产品价格
捷克	由国家能源监管部门按照成本加成的原则进行调节，可以将 SoLR 价格设置为最高价格
丹麦	附加费需要与适用于北欧现货市场交易的相关产品的附加费相对应
德国	由于需要考虑风险成本价格可以更高，但不能超过默认服务的价格
立陶宛	为公用电力公司价格的 1.25 倍
西班牙	保底服务只针对低收入群体，因此在批发市场实时电价基础上再提供一定折扣

续表

国家	价 格 水 平
瑞典	最后供应商服务价格与默认服务的价格相同
德国	竞争方式确定价格水平

10.3 澳大利亚

1. 电力保底服务背景

澳大利亚在放开能源零售市场以后，部分天然气和电力零售商在竞争激烈的市场中可能会出现经营不善而倒闭或退出市场的情况。为了确保这些零售商客户的持续用电需求，澳大利亚能源监管机构（Australia Energy Regulator，AER）与其他市场参与者合作，在国家能源零售法的框架下制定了 RoLR 计划。RoLR 计划旨在确保在售电公司退市/破产情况下（即发生 RoLR 事件时），将该售电公司的用户转让给其他售电公司进行保底服务，使得用户能够继续获得电力或天然气供应。

2011 年 11 月，AER 发布了第一版 RoLR 计划；2015 年 7 月，AER 发布了第 4 次修改后的 RoLR 计划，也是目前的最新版本。RoLR 计划中明确了所有参与者的义务，包括澳大利亚能源监管机构 AER、澳大利亚能源市场运营商（Australian Energy Market Operator，AEMO）、参与司法监管的能源部门、售电公司、注册 RoLR（默认服务商和其他 RoLR 服务商）和指定 RoLR 服务商、经销商等。

2. 电力保底服务类型

在零售电市场开放后，广义地讲零售电服务合同主要分为两类：一类是标准售电合同（Standard Retail Contract），另一类是市场合同。

其中，标准售电合同具有保底服务的属性，主要包括了默认服务和最后供应商服务。

澳大利亚零售电市场开放引入竞争是按行政州开展的，每个州划分为若干个供电营业区，每个供电营业区设一个配电网公司，同时指定一个“本区售电公司”。这个“本区售电公司”多数是开放前在这个营业区的供电公司。按电力法规定，“本区售电公司”必须允许用户选择标准售电合同，但其他售电公司不受此限制。

标准售电合同具有多重作用，一方面，该合同可以适用于小型商户和居民用户，其目的是保护那些本可选择售电公司但没有行使这一权限的用户，此时该合同发挥了默认服务作用；另一方面，在零售电市场开放初期，标准合同还有一个特定的作用，即在出现零售公司倒闭时，“本区售电公司”将按标准售电合同接收其用户，届时该公司将发挥最后供应商的服务作用。

3. 电力保底服务商选择机制

电力保底服务指南（RoLR guidelines）规定，AER 针对每个区域每个类型 RoLR 事件已经设定好了默认 RoLR（Default ROLR）。在 AEMO 监测到市场发生异常，即某一售电公司即将出现经营危机时，AEMO 将即刻通知 AER，AER 将根据 RoLR 事件的具体情况，从已经注册成为 RoLR 的售电公司指定一家售电公司，作为指定 RoLR（Designated RoLR）。若 AER 在规定时间内没有指定 RoLR，则直接由已经设定好的默认 RoLR 提供保底服务。

4. 电力保底服务价格机制

标准售电合同的服务标准是由 AER 确定的，标准售电合同的电价也是由州政府监管部门制定的。根据澳大利亚国家能源零售法，AER 制定了零售价格信息指南（Retail Pricing Information Guidelines）。这一指南规定了售电公司如何向客户展示其标准售电合同价格和市场合同价格，旨在帮助住宅和小型企业客户考虑和比较售电公司不同合同下的价格。根据准则，零售商必须为每类合同提供两份文件：基本计划信息文件（Basic Plan Information Document，BPID）、详细计划信息文件（Basic Plan Information Document，BPID）。这些文件中需要包含一些重要的信息，例如电力和燃气购买价格，零售商如何修改每日费用，可能收取的费用（如账户设立费、退出费、滞纳金），退出市场和重新进入市场的费用，提供的折扣和奖励（例如顾客忠诚奖励或折扣）、一次性折扣等。售电公司所列举的这些信息不仅要在向用户进行销售时展示，还需要上传到 AER 创办的价格比较网站 Energy Made Easy 上，旨在方便用户比较各售电公司现有的标准售电合同和市场售电合同。同时，由于 Energy Made Easy 的信息系统与 AER 相互连通，AER 也可以通过这个网站审核售电公司的成本信息、报价情况。

5. 成本回收机制

澳大利亚电力保底服务开始前需由 RoLR 供应商向能源监管机构 AER 提交成本回收计划。

电力保底服务的成本分为两类：一类是保底服务的准备成本。这个准备成本是估算值，RoLR 供应商需要解释成本估算基于何种基础信息。另一类是 RoLR 发生时和发生后成本，包括 RoLR 事件尚未发生但已经识别和量化的成本。

成本回收的形式包括：一是由区域内其余售电公司承担，即由电力保底服务区域内售电公司共同承担。这种形式涉及费用的估算、付款时间，以及各售电公司之间的分配方法等。二是提高服务价格，向用户收取。这种形式需提供建议零售价格变化的细节，包括价格变化将影响的用户类别等。三是采用用户预付费的方式。包括确定用户提前支付的费用额度、采用预付费用的用户类别，以及何时收取费用。

四是其他成本回收机制，包括受成本回收机制影响的用户类别和该机制的持续时间等。

当对成本回收申请作出决定时，AER 必须遵循以下原则：①向已登记的 RoLR 提供合理的途径收回其对 RoLR 计划产生的合理费用；②收回的成本应是与 RoLR 计划的监管和商业风险相称的回报；③已注册的 RoLR 本身将承担部分成本，与其用户群成比例。

以澳大利亚一家 RoLR 供应商 Australian Gas Light Company（AGL）为例。AGL 旗下有四家公司分别作为四个区域电力、天然气的保底服务商，AGL 在某一年的成本回收计划中提出：AGL 已经为此花费了 87 605.45 美元，AGL 计划支付其中 37 836 美元，剩余 12 442.35美元则希望能在四个受影响的区域之间平均分摊成本。可以看出，这些成本项主要包括：客户管理成本、人工成本、系统服务成本、通信费用等。其向能源监管机构提交的成本明细提案如表 10－4 所示。

表 10－4　AGL 公司成本回收计划

成本类型	描　述	费用（美元）	支持文档
实施电力保底服务成本和人工	制定 RoLR 运营计划	7369.89	电力保底服务业务分析师的工作时间为 18.42 天，每天 400 美元
人工	准备 RoLR 测试	6000	监管经理，每天 600 美元，10 天： 参加行业论坛； 设置环境连接； 进行测试和改进缺陷
电力保底服务系统增强成本	用于创建用户、站点和合同数据的自动化工具	25 000（AGL 的成本）	
电力保底服务系统增强成本	系统更新以适应 T900 自动化	35 104	

续表

成本类型	描　述	费用（美元）	支持文档
通信	开发两份所需 RoLR 的副本： （1）对于失败的售电公司的联系用户，告知他们 RoLR 事件，以及他们的权利和他们的费率； （2）AGL 用户有待转让给失败的售电公司	1575 美元（AGL 满足成本）	蓝组发票： 开发副本 文案 项目管理
通信	在邮件公司准备 RoLR 信件的成本，以满足 25 个工作日通信的要求	500	邮件所设置： 邮件印刷和寄信
人工	为收集 RoLR 成本回收所产生的和估计的成本而开展的工作	795.56	业务分析师 1.99 天，每天 400 美元
人工（电力保底服务供应商）	APA 双边测试	11 261（AGL 的成本）	
	总成本	87 605.45	
AGL 计划自行支付的成本费用		37 836	
此成本回收计划申请表要求回收的剩余费用（相当于提议的 RoLR 成本的 56.8%）		49 769.45	

10.4　新加坡

1. 电力保底服务背景

2001 年开始，新加坡按照用户用电容量的大小分阶段向用户开放零售市场。在零售市场部分放开的状态下，政府将大型工商业等终端用户划分为普通用户（自选电力用户 Contestable Consumers），居民和其他工商业等终端用户划分为特定用户（非自选电力用户 Non -

Contestable Consumers）。对于普通用户，可以选择向电力零售商购电，也可以选择向传统供电公司即新加坡能源有限公司（Singapore Power Ltd.，SP）购电，或直接参与批发市场交易购电；对于特定用户，由新加坡能源有限公司作为政府指定的唯一电力零售商提供售电服务。

2018 年底开始，新加坡分 4 个区域向居民用户逐步放开了零售市场，除了 SP 以外，新增 12 家零售商，居民用户可以根据各电力零售商提供的电价套餐情况自行选择售电公司，也可以选择继续留在新加坡能源有限公司。新加坡能源市场管理局（Energy Market Authority，EMA）也在最新一版（2018 年第五版）的电力零售许可证中明确了售电公司在发生保底服务事件时应承担的责任和相关业务流程，以及保底供应商的责任和义务。

2. 电力保底服务类型

新加坡的电力保底服务兼具默认服务和最后供应商服务的双重功能。

对于特定用户，在放开选择权之前，由保底服务供应商提供电力服务；在放开选择权后，不愿意选择其他竞争性售电公司的用户仍然由保底服务供应商提供电力服务。此时，电力保底服务起到了默认服务的作用。

对于普通用户，当电力零售商拒绝向客户售电或因为其他原因无法向用户售电时，保底供应商应及时启动保底服务。该过程称为 RoLR 事件，主要包括以下几种情况：一是售电公司的电力许可证被吊销或不再续期；二是主管机关收到会计事务所和公司监管部门关于某售电公司自愿清盘的通知；三是主管机关下达或通过清算某售电公司的命令或决议；四是市场监管机构向该售电公司发布暂停令或终止令以禁止其售电业务；五是终止使用售电公司的市场支持服务协议等。

3. 电力保底服务商选择机制

新加坡的电力零售市场中，新加坡能源有限公司负责电力保底服务，并与竞争性的电力零售商并存，分别向非自选电力用户和自选电力用户售电。新加坡电力市场服务商结构体系如图 10－1 所示。

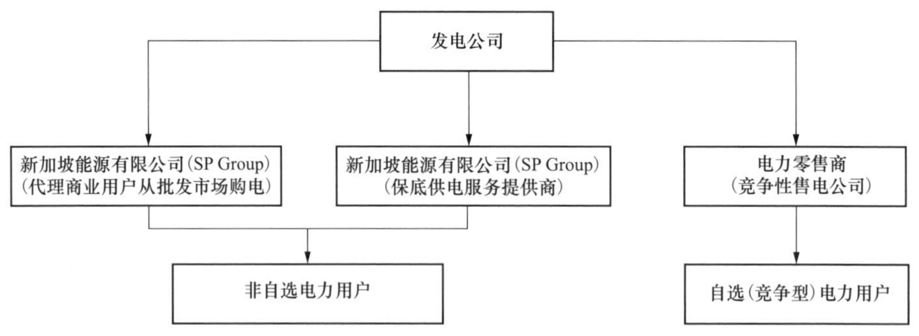

图 10－1　新加坡电力市场服务商结构体系

4. 电力保底服务价格机制

当某售电公司发生 RoLR 事件时，该售电公司应寻求其他合格的售电公司按照合同的条款和相关规定（包括价格水平）接收被终止合同的用户，如果在规定的时间内无法完成合同的转让，则启动电力保底服务。用户也可以直接选择由电力保底服务供应商供电。

新加坡能源有限公司为不选择进入市场的用户提供两种电价选项："监管电价"选项和"批发电价"选项。前者价格由新加坡能源市场管理局制定，受到管制，每个季度更新一次；后者则是根据批发市场中的购电价格加上输电费、计量及数据管理费和临时市场支持服务费等计算，总体低于监管电价选项。用户可以根据自身承受价格波动的能力进行选择。

新加坡能源有限公司所提供的服务价格组成中主要包括四部分：一是市场管理和电力系统运行费（支付给能源市场公司和电力系统运营商），该费用每年进行审查，以收回电力批发市场和电力系统的运营成本。二是市场支持服务费（由 SP 留存），这项费用每年审查一次，为了收回计费和抄表、数据管理、零售市场系统以及市场开发计划的成本。三是网络成本（由 SP 留存），这项费用每年审查一次，为了收回通过电网输送电力的成本；四是燃料成本（支付给发电公司），这一部分每季度调整一次，以反映燃料和发电成本的变化，其中燃料成本是进口天然气的成本，与石油价格挂钩。发电成本主要包括发电站的运营成本，包括人工费、运维费和发电站的资本成本。新加坡能源有限公司集团电价构成情况如图 10-2 所示。

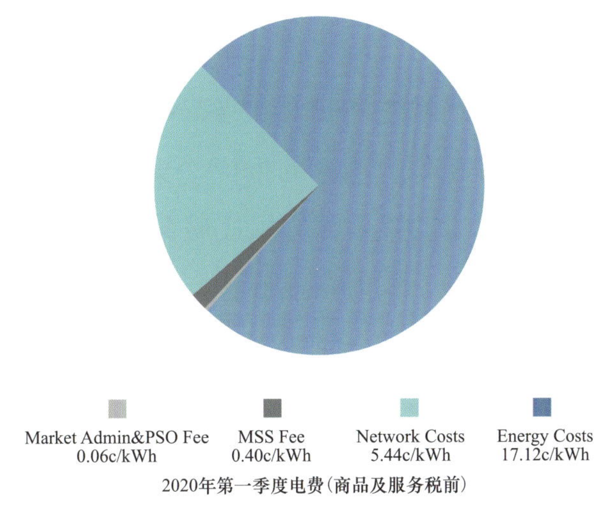

图 10-2　新加坡能源有限公司集团电价构成情况

10.5　经验及启示

10.5.1　电力保底服务商选择机制

纵观各国保底服务商选择机制，主要有以下几种方式：

一是由原一体化电力公司的关联售电公司提供保底服务。对保底服务用户来说，并没有更换供电服务商，只是更换了售电公司，用户的计费、计量、缴费等所有环节仍然由原电力公司负责。

二是直接指定公用事业公司提供保底服务。这种情况下，由政府指定区域配电网运营商承担该区域的保底服务责任。这种情况与我国当前的电力保底服务相关规定最为相似。

三是选择区域内市场规模较大、实力雄厚的售电公司提供保底服务。在这种情况下，通常优先启动合同转让流程，在保底服务启动截止期之后仍未选择竞争供应商的用户将被分配一个保底服务商，分配的结果以竞争供应商的市场份额来决定。

四是采用市场化招标方式确定保底服务供应商。采用这种方式的国家或地区的售电市场通常主体相对丰富、竞争较为充分。愿意提供保底服务的售电公司提出保底服务的报价，通过招标的方式确定保底服务供应商，并以中标者的报价作为保底服务价格。保底服务商可以向监管机构申请成本回收，同时保底服务商接收保底用户后还有机会继续签订这些用户的后续供电合同。

总体来看，在售电市场放开初期，为了保障市场的平衡过渡，一般采用政府指定保底服务供应商的方式。这种方式的优势是政府指定的供应商通常为传统的供电公司或大型售电公司，这些公司往往运营经验丰富、技术和财务实力雄厚、拥有较好的市场信用，能够很好地履行保底服务，确保用户在失去竞争性售电公司的电力供应后能够继续获得可靠稳定的电力供应。但随着售电市场的逐步成熟，可采用政府招标等竞争性手段确定保底服务商，也有助于促进售电侧的竞争。

10.5.2 电力保底服务价格机制

1. 定价方式

一是采用政府定价的方式。在售电市场放开初期，尤其是政府指定保底服务供应商的方式下，通常采用政府定价的方式。该方式的优

点在于执行简单，与原电价体系的衔接程度较高，便于前期推行电力零售侧改革；缺点是不能及时反映市场的变化，价格信号存在被扭曲的风险，且政府对于保底供应商的成本监管投入较大。

二是采取竞价拍卖的方式。这种模式通常是政府采用招标方式，向批发市场征集保底服务的投标。投标内容不仅包含了投标价格，还包括投标的期限、费用构成和合同条款等。这种方法的优点是能够通过竞争发现市场中的最低成本供应商，从而为用户创造价值；缺点是中标的保底服务商在实际运营中也可能出现低价低质等问题，进而影响用户的权益。

三是采取与实时电价挂钩的方式。这种模式下，保底服务的价格是不固定的，随现货市场的价格波动而波动，通常在批发市场价格的基础上上浮一定比例。这种方法的优点是，保底服务价格在一定程度上能够反映市场供需形势，向用户传递相对准确的价格信号；缺点是定价上浮比例的合理性容易引起争议，且保底服务商需要能够清晰地给出用户价格构成说明。

2. 价格调整周期

为了能够反映市场的供应情况，通常保底服务价格都有一定的调整周期，短则数月（如美国纽约州、马萨诸塞州，新加坡等）、长则数年（如美国宾夕法尼亚州、俄亥俄州等）。一般来说，若采取浮动费率的方式，调价周期通常较短、合同服务期限也较短，以便刺激用户进入市场；若采取竞争性定价或政府定价方式，考虑到组织招标、中标供应商管理、成本监审等工作的投入，调价周期通常更长。

总体来看，鉴于不同国家和地区在保底服务价格机制方面并没有统一公认的做法，本书认为保底服务的价格机制与市场设计目标密切相关。若从推动市场建设的角度考虑，保底服务价格可以高于市场价格，从而激励用户进入市场或重新返回市场进行交易，以保持市场的活跃程度。卢森堡、德国、美国德州等均采用了这种方式。若从应对市场失灵的角度考虑，保底服务价格可以根据实际购电成本与合理收益进行定价，对用户来说不具备“惩罚”性质，奥地利、捷克等国家采取了这种方式。此外，还可以从激励性管理制角度考虑，只明确价格上限，由供应商自行定价。

10.5.3 电力保底服务的成本回收机制

结合典型国家电力保底服务的成本回收机制来看，主要有以下两种方式：

一是按实际成本回收。这种模式下，保底服务商通过梳理相关证明材料与说明文件向政府提出成本回收方案，就启动保底供电服务遭受的损失或增加的成本向政府要求合理补偿。政府负责对保底服务商的成本情况进行审核，如果申请通过，则按照保底服务商提出的补偿额度进行成本补偿。补偿费用可以向营业区域内所有未承担保底供电服务的配电运营商收取，也可以向用户直接收取。

二是提高保底服务电价。这种模式下，保底服务商可以自行确定保底服务的价格，且通常高于市场平均价格。通过提高电价的方式，保底服务商在实现成本回收的同时也能够获取一定的额外收益。

总体来看，若按照实际投入对保底服务的成本进行回收，监管部门需要对保底服务的成本进行有效监管和审核，将强化监管部门的责任；若按照高于市场平均价格的方式进行成本回收，对于提高售电公司的保底服务积极性也有一定促进作用。

10.5.4 电力保底服务的政策法规

几乎所有国家和地区关于电力保底服务都出台了相关的政策或法规，明确了相关主体的责任和义务，以及电力保底服务的实施流程等。

总体来看，基本包括但不限于以下几个方面的内容：

（1）明确电力保底服务供应商的产生方式。在售电市场放开前期或初期就要事先做好保底服务的预案，明确若发生电力保底服务事件，由谁来承担相关的责任或义务。

（2）明确电力保底服务的启动方式。例如明确是否优先让无法继续提供服务的售电公司将合同转让给其他售电公司，或是否优先让用户重新寻找新的售电公司，或是否由电力保底服务供应商直接启动保底服务等问题。若允许合同转让，则需要进一步明确组织机构、转让流程、合同条款的处理、后续合同签订事宜等。

（3）明确电力保底服务的启动时限。若允许电力保底服务启动前进行合同转让，则需要给用户或原售电公司一定的时间寻找新的合同接收者。出于对用户电力供应的持续保障，需要对合同转让期做出限制，若到期后仍无新的合同接收方，则直接启动电力保底服务。

（4）明确电力保底服务的价格机制。一方面是电力保底服务的价格水平和定价方式；另一方面是价格的调整方式或调整周期。同时，还需要明确用户的缴费方式等。

（5）明确退出市场主体的相关责任。包括提前告知监管机构或交易中心其退出市场的计划、在保底服务启动前应完成的事项、若存在欠费问题如何处理等。

（6）明确电力保底服务供应商的责任。包括提供电力保底服务的标准、接收新用户的流程、后续合同的签订等内容。

（7）其他主体的相关责任和义务。包括交易机构、电网企业、监管机构等相关主体在电力保底服务中的角色以及相关的责任和义务。

第11章

我国电力保底服务实施情况

随着售电侧改革的持续推进，我国也开始逐步出现电力保底服务的需求。本章主要梳理分析了我国各级政府部门或监管机构印发的关于电力保底服务的相关政策及规定，介绍了我国出现电力保底服务的首个案例，提出了下一阶段需要重点关注的相关问题。

11.1　政策及相关规定

1. 中央层面

中央层面关于电力保底服务的政策表述详见 9.2 节。

2. 地方层面

部分典型省份关于电力保底服务的相关表述如表 11－1 所示。

表 11－1　部分典型省份电力保底服务相关政策及规定

省份	市场规则	电力保底服务相关规定
广东省	《广东电力市场结算实施细则（征求意见稿）》(2017.8)	第 16 条第 4 款 已参加市场交易的电力用户申请或强制退出的，由供电企业提供电力保底服务，以保底价格结算。 售电公司申请或被强制退出的，其代理的电力用户可选择保底售电公司，后续可更换其他售电公司代理参与交易。如电力用户不接受保底售电公司和电力保底服务合同参与交易，其实际用电量按市场实时价格结算。 被强制退出市场的市场主体，除妥善处理已签订合约外，还需要提供保障，以支付差错追补费用。 保底价格原则上在电力用户缴纳输配电价的基础上，按照政府核定居民电价的 1.2～2 倍执行，具体价格水平由广东省价格管理部门确定
	《广东电力市场运营基本规则（征求意见稿）》(2018.8)	第五十五条 ［售电公司申请退出］售电公司可以申请退出电力市场，并提前 45 天向电力交易机构提交退出申请。电力交易机构收到申请后，通过技术支持系统向社会公示 10 个工作日。公示期满无异议的，方可办理退出市场手续。 售电公司申请退出之前应将所有已签订的购售电合同履行完毕或转让，并处理好相关事宜。拥有配电网运营权的售电公司申请自愿退出时，还应妥善处置配电资产。若无其他公司承担该地区配电业务，由电网企业接收并提供保底供电服务

续表

省份	市场规则	电力保底服务相关规定
广东省	《广东电力市场运营基本规则（征求意见稿）》（2018.8）	第五十六条 ［电力用户申请退出］电力用户参加电力市场交易后，原则上不得退出，不再执行对应的目录电价。已参加市场交易的电力用户又退出的，在再次通过售电公司购电或直接参与电力市场交易前，由拥有电力业务许可证（供电类）的电网公司下属供电企业和拥有配电网运营权的售电公司（以下统称“供电企业”）承担保底供电责任。供电企业与电力用户交易的保底价格在电力用户缴纳输配电价的基础上，按照政府核定的居民电价的 1.2～2 倍执行，具体价格水平由广东省价格管理部门确定。 第五十八条 ［保底售电服务］售电公司被强制退出，其所有已签订但尚未履行的购售电合同由政府部门征求合同购售电各方意愿，通过技术支持系统转让给其他售电公司或交由供电企业保底供电，并处理好其他相关事宜
广东省	《广东电力市场管理实施细则（准入退出部分）（征求意见稿）》（2018.8）	第 8 条第 1 款 拥有配电网运营权的售电公司申请退出时，除上述要求外，还应提供妥善处置配电资产的证明或者由供电企业接收并提供保底供电服务的相关文件。申请退出需要提交的材料包括：退出申请表、已签订的交易合同履行或处理完毕的相关证明材料、妥善处置配电资产的证明或者由供电企业接收并提供保底供电服务的相关文件（仅限拥有配电网运营权的售电公司）。 已退出市场的电力用户由电网企业下属供电企业或拥有配电网运营权的售电公司承担保底供电责任，用电价格在缴纳输配电价的基础上，按照政府核定的居民电价的 1.2～2 倍执行，具体价格水平由广东省价格管理部门确定。 第 8 条第 2 款 售电公司强制退出公示期间，售电公司可转让尚未完成交割的交易成交电量，场内交易成交量由电力交易机构强制处置，如产生负收益，由退出的售电公司承担。其代理的电力用户可选择保底售电公司，如电力用户不接受保底售电公司和保底服务合同参与交易，电力用户的实际用电量按市场实时价格结算。保底售电公司、保底服务合同由省级政府部门按相关程序确定。 电力用户被强制退出市场的，由电网企业下属供电企业或拥有配电网运营权的售电公司承担保底供电责任，电力用户用电电价在缴纳输配电价的基础上，按照政府核定的居民电价的 1.2～2 倍执行，具体价格水平由广东省价格管理部门确定

续表

省份	市场规则	电力保底服务相关规定
广东省	《广东电力市场管理实施细则（信用管理部分）（征求意见稿）》（2018.8）	第 10 条 （1）对于不满足交易信用要求的市场主体，暂停其在中长期市场的交易资格，或实施临时的净合约量限制和累计交易量限制，在下一个交易日开始针对其所持有合约实施强制处置，直至满足履约保函要求为止。强制处置过程中交易中心找不到对家无法成交的情况下，由保底售电公司接盘，保底售电公司在接替原来售电公司继续履约的过程中，产生盈利的归保底售电公司所有，产生亏损的由被接替售电公司剩余的代理电量按比例承担（自接替之日起计）。同时，由交易中心根据信用评价办法对其进行信用扣分，或按有关程序将其纳入失信联合惩戒黑名单。 （2）对于不满足结算信用要求的市场主体，暂停其在现货市场的交易和结算资格，对其所持有的已进入交割的中长期合约进行强制处理，售电公司持有的零售合约不再作为结算依据，其所代理的零售用户转由保底售电公司代理。 （3）交易中心预收一定额度的市场应急资金。当市场主体无法及时履行相关债务时，由市场应急资金先行支付。使用全部的市场应急资金仍不能完全支付的部分，将按违约事件发生当月市场成员成交金额比例，分摊给所有市场成员承担。在启用应急资金先行支付的同时，启动法律程序对相关债务进行追偿。通过法律程序追回的债务金额，按上述市场成员分摊债务的比例优先返还，剩余金额则用于补充市场应急资金
浙江省	《浙江省售电市场交易基本规则（征求意见稿）》（2019.2）	第十条 按政府定价为优先购电用户以及其他不参与市场交易的电力用户提供供电服务；签订和履行相应的供用电合同和购售电合同；当售电企业不能履行配售电义务时，承担自身配电网供电区域内相关放开电力用户的保底供电服务。 第二十二条 参与市场交易的电力用户原则上不得退出市场。被强制退出市场的以及自愿退出市场的电力用户，原则上 3 年内不得再进入市场，由电力用户属地电网企业或其他拥有配网运营权的售电企业履行保底供电义务，保底供电价格暂按政府核定的目录电价执行。“批发市场用户”进入电力批发交易后自愿退出的，须售电企业代理参与电力零售交易。 第二十四条 电力用户无法履约的，应至少提前 45 天书面告知电网企业、相关售电企业、电力交易机构以及其他相关方，将所有已签订的购售电合同履行完毕或转让，并处理好相关事宜。 第一百二十六条 未达成一致意见或未完成转让交易的，强制执行该售电企业提交的剩余履约保函，并将其代理的用户交由电网企业进行供电，供电价格根据履约保函执行情况和各用户后续用电量进行平摊计算

续表

<table>
<tr><th>省份</th><th>市场规则</th><th>电力保底服务相关规定</th></tr>
<tr><td>浙江省</td><td>《浙江省部分行业放开中长期电力交易基本规则（试行）》（2019.10）</td><td>第二十二条
符合准入条件但未选择市场交易的电力用户，仍执行目录电价。被强制退出市场的以及已参与后自愿退出市场的电力用户，原则上3年内不得再进入市场，由电力用户属地电网企业或其他拥有配电网运营权的售电企业履行保底供电义务，保底供电电度电价暂按政府核定的目录电价的1.2倍执行，超过目录电价部分收取的电费纳入偏差调整资金管理</td></tr>
<tr><td>江苏省</td><td>《江苏电力市场监管实施办法》（2018.7）</td><td>第十八条
售电企业被强制退出，其省内已签订但未履行的交易合同通过电力交易平台转让给其他售电企业。未完成交易转让的，可交由电网企业保底供电。
第十九条
售电企业自愿申请退出电力市场之前应将所有已签订的购售电合同履行完毕或转让，并处理好相关事宜。拥有配电网运营权的售电企业申请自愿退出时，应妥善处置配电资产。若无其他公司承担该地区配电业务，由电网企业接收并提供保底供电服务。
第二十六条
对电网企业提供保底供电服务情况实施监管。电网企业承担其供电营业区保底供电服务。当售电企业终止经营或无力提供售电服务时，电网企业在保障电网安全和不影响其他用户正常供电的前提下，按照规定的程序、内容和质量要求向相关用户供电，并向不参与市场交易的工商业用户和无议价能力用户供电，按照政府规定收费</td></tr>
<tr><td>山西省</td><td>《山西省电力中长期交易规则（暂行）》（2017.8）</td><td>第二十七条
退出市场的电力用户3年内须向售电企业全电量购电，售电企业不能满足其用电需求的，由电网企业兜底供电。电网企业与电力用户交易的保底价格在电力用户缴纳输配电价的基础上，按照政府核定居民电价的1.2～2倍执行</td></tr>
<tr><td rowspan="2">山东省</td><td>《山东省电力市场监管办法（试行）》（2019.4修订版）</td><td>第十六条
已参加直接交易的用户又退出的，在通过售电公司购电或再次参与市场交易前，由电网企业承担保底供电责任。保底供电价格按照省发展改革委公布标准执行。保底电价出台前，市场用户申请退出交易的，用电价格暂执行政府规定的销售电价</td></tr>
<tr><td>《山东省中长期交易规划（试行）》（2019.12修订版）</td><td>第二十一条
已参加直接交易的用户又退出的，在通过售电公司购电或再次参与市场交易前，由电网企业承担保底供电责任。电网企业与电力用户交易的保底价格在电力用户缴纳输配电价的基础上，由省物价局按照政府核定居民电价的1.2～2倍执行</td></tr>
</table>

续表

省份	市场规则	电力保底服务相关规定
湖南省	《湖南省电力中长期交易规则(试行)》(2017.7)	第二十二条 所有自愿参与市场交易的电力用户原则上全部电量进入市场。在交易中心完成注册手续（含签订入市承诺书）的电力用户视为进入市场。进入市场的电力用户不得随意退出市场，确需退出者，须按规定办理相关手续并履行完相关义务。退出市场的电力用户相关电量不再实行目录电价，其购电价格为同类非市场用户目录电价的 1.1 倍，由电网企业对其提供保底供电服务。不选择参与市场交易的电力用户和不符合准入条件的电力用户可享受保底服务，由所在地电网企业按政府定价提供保底供电

上述相关政策中，主要涉及内容的有以下两个方面：

（1）保底服务商选择机制。一是通过电力市场交易平台转让给其他售电公司或交由电网企业保底供电。在售电公司被强制退出的情况下，其所有已签订但尚未履行的购售电合同由地方政府主管部门征求合同购售电各方意愿，通过电力市场交易平台转让给其他售电公司或交由电网企业保底供电。二是配电网运营者在其配电区域内从事供电服务，包括向非市场主体提供保底供电服务。在售电公司无法为其签约用户提供售电服务时，直接启动保底供电服务。

从目前我国的改革进程来看，电力保底服务是具有一定强制性的市场保护机制，旨在确保在配售电改革过程中，用户不因市场失灵、配电网供电主体退出而无法获得电力供应保障。短期来看，为确保市场的稳定运行，一般采用事先指定的方式明确保底服务供应商（通常为电网企业）；从长远来看，电力保底服务也可能从受监管的垄断服务向竞争性市场服务过渡。

（2）保底服务价格机制。一是按目录电价执行。如浙江和山东一开始都规定被强制退出市场的以及自愿退出市场的电力用户，保底供电价格暂按政府核定的目录电价执行。二是在目录电价基础上溢价。一种是在居民价格基础上溢价。广东和山西均规定保底用电价格在缴纳输配电价的基础上，按照政府核定的居民电价的1.2～2倍执行。另一种是在同类非市场用户价格基础上溢价。湖南规定退出市场的电力用户相关电量不再实行目录电价，其购电价格为同类非市场用户目录电价的1.1倍。

可以看出，各省对于电力保底服务价格机制的相同之处在于，电力保底服务价格主要针对已参与市场之后退出的用户，既包含自愿退出也包含强制退出的情况。不同之处在于，部分省份前期较为保守，强调暂按目录电价来执行；部分省份更倾向于采用溢价的方式，从一开始就采用了较目录电价上浮1.1～1.2倍的方式。但逐步原执行目录电价的省份，也改为了上浮电价的方式。

11.2 实施情况

2017年4月，重庆电力市场发生了全国首例售电公司退市的事件，从而引发了电力体制改革以来的首次保底供电服务。2017年4月13日，重庆市能源局收到对重庆某售电公司（以下简称“A公司”）的实名举报，反映该公司提交的售电公司准入材料存在从业人员不实等问题。经重庆市能源局调查，该举报属实，该公司准入材料中提交的从业人员不是其公司的职员，违反了《售电公司准入与退出管理办法》。4月28日，重庆市能源局下发处理意见，建议A公司自通知印发之日起主动退出市场，尚未履行完成的购售电合同由国网重庆市电力公司提供保底供电，并按原合同约定条款执行。

随着售电市场的进一步规范运作，售电公司的洗牌和分化逐渐加剧。2018年1月至今，新疆、江苏、北京、四川、山东、安徽、河北、黑龙江、广东、云南、广西等地区陆续出现了不同程度的售电公司退市情况。由于大部分售电公司未在电力交易中心参与市场交易，或未

备案与用户签订的合同情况，或已履行完全部市场化交易合同，在这种情况下暂不具备启动电力保底服务的条件。

11.3　需要关注的问题

1. 价格机制方面

对售电侧而言，目前国内尚未针对电力保底服务价格给出明确的定价指导意见，大多提出由政府定价或根据当前目录电价来制定，但电力保底服务的价格对电力市场从计划轨道转变为市场机制的进程将产生一定影响。若电力保底服务价格较低，则许多用户希望停留在电力保底服务阶段，将不愿进入市场，拖缓市场转化速度，售电公司也难以获取市场份额进而获得生存空间；若电力保底服务价格较高，则可能导致用户无法享受电力改革的红利，增加其用电成本。因此，随着售电侧的进一步放开，需要重点关注电力保底服务如何定价的问题。例如是否应该针对保底服务用户制订更高的价格；针对参与市场后主动退出的用户定价与售电公司经营困难的用户的定价是否应当保持一致；按照当前部分省份规定的“按目录电价上浮一定倍数”的定价方法，如何选取这一倍数等。上述问题均是在制定科学合理的电力保底服务价格时需要考虑的问题。

对配电侧而言，保底服务可能因为原运营商经营不善，也可能由于增量配电网用电需求增长低于预期水平，业主盈利预期难以达到等情况而触发。电网企业在接收配电资产后是否要重新进行配电定价；不同类型的配电保底服务是否应确定不同的定价机制等。上述问题是增量配电网保底服务定价需要考虑的问题。

2. 实施机制方面

（1）在售电侧，电力保底服务的实施机制包含了对于退市售电公司的合同转让、信用余额承兑、履约保证金处理等多方面机制制度的设计。由于保底服务涉及到原售电公司与新售电公司在合同、服务、价格等方面的衔接，也涉及交易中心、电网企业、用户、售电公司等多个主体之间的交互，需要重点关注合同的后续转让问题。例如售电公司符合退市条件后，由第三方售电公司抑或是电网企业接收用户的具体流程如何；若由电网企业接收用户，则电力保底服务是由电网企业自身承担抑或是由电网企业的售电公司承担；保底服务的电量应按计划电量结算还是市场电量；重新签订的电力保底服务合同是否应覆盖或包含原用户签订的其他增值服务等。上述问题有必要在售电侧启动电力保底服务的相关规则中予以明确。

（2）在配电侧，当部分增量配电网经营不善或难以获得当初预期的投资回报时，可能导致增量配电网业主退出。保底服务实施机制包含对于增量配电网资产的移交手续、新旧业主交接手续、电网企业保底运营方案等多方面机制制度的设计。其中，尤其需要重点关注增量配电网的资产处置相关问题。例如原有配电网资产的收购方式及收购费用如何确定；若原配电网建设标准偏低，在新的业主到位前，电网企业在保底服务期间额外付出的新建改造、更新换优成本由谁支付等。上述问题在发生配电侧保底服务时都将成为保底服务顺利实施的关键问题。

第12章

最后供应商服务

从国外典型国家的实践情况来看，最后供应商服务是电力保底服务的重点内容。电力行业的公共服务属性决定了需要针对电力用户进行电力保底服务，但何时需要提供电力保底服务对于电网企业或售电公司而言通常具有不可预计性，从而导致企业产生非计划内的成本。为保障最后供应商服务的成本得到有效回收且服务定价合理，需要对保底服务的成本进行量化，从而合理确定服务价格以实现成本回收。本章主要针对售电保底服务中的最后供应商服务的成本组成、定价机制、成本回收机制和保底服务实施流程四个方面开展研究。

12.1 保底服务成本

在售电侧电力保底服务对象中，一般存在符合进入市场但找不到售电公司代理交易的用户、或已签约售电公司但所选择售电商终止经营从而被终止电力服务的用户，在这些用户中，部分用户可能存在负荷曲线不佳、用电偏差难以控制等问题，属于“烫手山芋”。按照当前政策规定，参与市场后退出的用户、由于售电公司终止经营或强制退市的代理用户，这两类用户的保底服务主要由电网企业或其他售电公司提供。此种方式下，电网企业等保底服务供应商将产生一定的风险管理成本、用户服务成本、电力交易成本等额外成本。

若由其他售电公司提供电力保底服务，售电公司主要通过参加市场化交易重新签订购售电合同为用户提供服务。因此，售电公司的新增成本是额外的购电成本及额外营销成本。

若由电网企业提供电力保底服务，由于无论对于保底用户还是非保底用户，电网企业均提供了输配电服务，该项服务不应该因保底服务的发生而产生变化。因此，对于转移到电网企业的新用户，电网企业的新增成本仍然是额外的购电成本和额外营销成本。

综上可知，无论由谁提供电力保底服务，其新增成本均应如式（12-1）所示

$$保底服务成本=额外购电成本+额外营销成本 \tag{12-1}$$

1. 额外购电成本

若保底服务商是售电公司，则其额外购电成本为其重新参与市场化交易的购电成本；若保底服务商是电网企业，由于现阶段保底服务用电是由电网企业负责购买，而不是由电网企业的售电公司负责购买，因此，其额外购电成本为电网企业额外购电的实际成本。若购买计划电，购电成本即电网企业的计划电量购电成本；若购买市场电，购电成本则应基于批发市场结算价，购电成本主要与市场设计有关。

2. 额外营销成本

无论是售电公司还是电网企业接手此类用户，可能增加的额外营销成本包括：

（1）交易系统运营维护等管理费用。例如交易中心的管理费、交易合同转换过程所需数据服务费用、相关系统的运行维护费用、通信费用等；

（2）营销人工成本。例如针对保底用户的电力营销业务与客户服务等业务产生的人工成本。

最终，保底用户支付的费用为保底服务费用和应缴纳的输配电费之和。

需要注意的是，对于同一个用户而言，无论参与市场化交易还是接受保底服务，其缴纳的输配电费不应发生变化。

12.2　保底服务定价

确定合理的价格是确保电力保底服务顺利实施的关键。从国外实践来看，保底服务的定价方式既有采用政府指定价格的计划模式，也有采用市场化的招标方式。当前，我国关于最后供应商服务的价格大多采取政府定价模式，参考目录电价制定。

总体来看最后供应商服务的定价机制主要分为成本定价和非成本定价（又称上浮定价）两大类。

成本定价方法主要根据发生保底服务产生的成本来计算保底服务的价格，企业按照服务价格回收所投入的费用。考虑到这种情况下保底服务价格中未包含额外收益，因此这种方式主要应用于电网企业作为保底服务商的情况。

非成本定价方法主要指除了保底服务价格中除了实际成本外，还包含了一定的利润。一方面，该价格用于补偿保底服务供应商为不确定电力负荷以及不确定用户数量提供服务的风险成本；另一方面，通过略高的价格激励用户重返市场，通常采用这种方法的保底服务价格高于目录电价，可称为上浮定价方式。这种定价方式既适用于由售电公司提供保底服务，也适用于由电网企业提供保底服务的情况。

12.2.1　成本定价

该方法基于会计成本法原理，核心在于通过保底服务价格补偿电网企业提供保底服务的全部成本。

如 12.1 节所述，用户最终缴纳的费用包含两个部分：输配电费和保底服务费用。参照澳大利亚保底服务提供商 AGL 向澳大利亚能源监管机构 AER 提交的成本明细方案及我国电力市场运营实际情况，保底服务定价模型为

$$
\begin{aligned}
p &= p_{\text{trans}} + p_{\text{polr}} \\
p_{\text{polr}} &= p_{\text{buy}} + p_{\text{sale}} \\
p_{\text{sale}} &= \sigma \times p'_{\text{trans}}
\end{aligned}
\qquad (12-2)
$$

式中，p 为用户最终支付的价格；p_{trans} 为该类用户所在电压等级对应的省级电网输配电价（含税）；p_{polr} 为保底服务的成本；p_{buy} 为保底服务额外购电成本；p_{sale} 为保底服务额外营销成本；σ 为营销费用占准许成本的比重，p'_{trans} 为不含税的价格。

对于保底服务额外购电成本 p_{buy}：在当前双轨制条件下，市场用户退出后的保底电量可视为原计划用户的用电量偏差。若以 2019 年的广东省电力市场为例，该部分购电成本将分配给承担基数电量的 B 类发电机组，并按计划电量结算，则额外购电成本可取该年燃煤火电机组标杆上网电价（不同地区可根据实际发电机组类型进行取值）。未来全面放开用电计划情况下，可以设计基于批发市场价格联动的定价机制。

对于保底服务额外营销成本 p_{sale}：若因保底服务产生了额外营销成本，可采取两种处理办法，一是针对保底服务用户产生的专项成本（如合同转让过程发生的相关费用），考虑在输配电价基础上取一定系数（如营销费用占准许成本的比重）作为额外的营销成本纳入保底服务价格，由保底服务用户承担；二是涉及到服务所有用户的成本（如系统改造升级产生的费用），则在下一核价周期纳入输配电准许成本由全网用户统一分摊。

在这种方式下，在电网企业与用户签订保底服务协议、约定保底服务电价之前，电网公司需向监管机构提交定价方案，包括成本量化数据和各项参数的取值，并通过监管机构的审核。

12.2.2　上浮定价

非成本定价通常以上浮定价的方式来确定保底服务价格。从国外经验来看，因包含服务于不确定电力负荷以及不确定用户数量的风险及预备成本，保底服务的价格一般相对较高。如美国德克萨斯州要求保底服务电价相当于趸售电价的120%；我国广东、山西相关政策中提出按居民目录电价1.2～2倍来执行保底服务电价。通常有以下几种定价方法。

1. 所有用户统一定价

针对所有保底用户制定统一的用电价格，用电价格在某一类型用户目录电价或批发市场价格的基础上上浮一定比例。

在这种模式下，保底用户的定价模型为

$$p = \alpha \times p_{\mathrm{m}} + p_{\mathrm{trans}}$$

或

$$p = \alpha \times p_{\mathrm{cata}} \tag{12-3}$$

式中，p_{m}为市场平均结算价；p_{cata}为目录电价；α为上浮比例，其取值很关键，可以参照国际经验，取多个周期保底服务合同价格与市场平均销售电价的比价关系。

2. 基于用户特性分别定价

考虑到不同用户对于电价的承受能力不同，可针对不同用户用电量及风险附加成本，设计差异性的保底服务价格。

在当前的电价体制下，针对不同类型的保底用户，可将式（12-3）中的p_{cata}取与之相同类型用户的目录电价

$$p_i = \alpha_i \times p_{\mathrm{cata}i} \tag{12-4}$$

3. 基于成本上浮定价

在保底服务成本的基础上上浮一定空间，在满足保底服务成本回收的同时，激励退市用户重返市场。

在这种方法下，定价模型为

$$\begin{gathered} p = p_{\mathrm{trans}} + p_{\mathrm{polr}} \times (1 + r) \\ r > \max\left(\frac{p_{\mathrm{cata}} - p_{\mathrm{trans}}}{p_{\mathrm{polr}}} - 1, 0\right) \end{gathered} \tag{12-5}$$

式中，p_{polr}为保底服务的成本；r为上浮率；考虑对用户重新进入市场

的激励作用，保底服务的定价应高于目录电价。

针对上述两种保底服务定价方法进行比较，如表 12 - 1 所示。

表 12 - 1　　各定价方法的优缺点比较

定价方法	优　点	缺　点	适用条件
成本定价	(1) 简单易操作，原理容易理解。 (2) 能够合理补偿电网企业成本	(1) 运营成本难获取，联合成本难分化。 (2) 对于用户退市的重返市场激励不足	(1) 电网企业提供保底服务。 (2) 保底服务的成本明细能够清楚核算的情况
上浮定价	(1) 简单易行，直接方便。 (2) 在补偿保底服务成本的同时能够激励用户重新返回市场	如何确定合理的上浮电价水平尚无统一认可的理论依据	(1) 电网企业或售电公司提供保底服务。 (2) 市场化改革初期，市场机制尚不完善的情况

12.2.3　价格调整方式

参考国外市场的运作经验，电力保底服务通常都有一定的合同期限，短则数月、长则几年。在合同周期内，电力保底服务的价格可以采取以下两种方式确定：

一是固定价格。即保底服务价格确定后，在一定的合同时期内按照既定的价格进行收费，合同期内的保底服务价格不再进行调整。这种方式通常适用于保底服务期限较短、用户参与市场主动性较强、或保底服务运作初期需要稳定市场的情况。

二是随服务时间增加呈现递增特点。由于保底服务只是短暂性的救济服务，在市场化的环境下，政府更希望用户只在保底服务商的保底服务合同上停留一段过渡时间之后又重返市场。因此，部分国家（如美国）将保底服务视为临时性过渡性的服务，设定保底电价随时间变化逐渐升高的价格机制。

假定一个按阶梯增长的保底服务电价机制。初始的保底服务价格为目录电价，并在一定期限内逐步调整至用户最高承受水平。参考国内外相关研究成果，对于工商业用户而言，一般其能承受的最高电价约为目录电价 P_{cata} 的 2 倍。因此，让用户在 n 个计价周期内选择脱离保底服务进入市场，可将最后一期保底电价设为 2 倍目录电价。设 $P(t)$ 为保底服务第 t 个计价周期该用户应承担的保底价格，则

$$\begin{aligned} &P(t) = P_{cata} + \beta \times t, 1 \leqslant t \leqslant n \\ &\beta = (2.02P_{cata} - P_{cata})/(n-1) \end{aligned} \tag{12-6}$$

两种电价调整方式的对比如表 12 - 2 所示。

表 12 - 2　　两种电价调整方式的对比

调价方式	优　点	缺　点
确定价	操作简单方便，政策执行成本相对较低	若定价偏低，不利于促进用户重返市场；若定价偏高，可能影响用户用电积极性
阶梯价	循序渐进地激励用户重新参与市场	如何科学确定电价增长水平暂无明确标准

12.3　保底服务成本回收

通常情况下，无论是按照基于成本定价方式还是按照上浮定价方式，保底服务供应商的成本可以通过保底服务费用进行充分回收。

12.3.1　用户退市情况

用户退市情况下，对电力市场造成不良影响、导致交易终止、市场波动的责任方是退市用户。在此情况下，用户退市首先需要按照新的保底服务电价向保底服务供应商缴纳用电费用，若通过保底服务回收的电费不足以覆盖保底服务成本，则需要向用户收取补偿费用或从用户信用保证金中扣除费用。

假设电力市场中共有 M 种类型保底服务用户，用户类型 i 退出市场，保底服务供应商与用户类型 i 签订的保底服务定价为 $p_{\mathrm{B}i}$，用户类型 i 的保底服务实际成本为 p_i，用户类型 i 的保底服务用电量为 q_i，则提供保底服务的总补偿额度 B_1 为

$$B_1 = \sum_{i=1}^{M}(p_i - p_{\mathrm{B}i})q_i \tag{12-7}$$

（1）若 $B_1=0$，表示收取的保底服务费用能够完全覆盖保底服务的成本，此时，按照签订的保底服务价格即能实现成本回收。

（2）若 $B_1<0$，表示提供保底服务产生了总量为 B_1 的盈利，若由电网企业提供保底服务，这部分盈利应纳入准许收入总额进行统筹。

（3）若 $B_1>0$，表示提供保底服务产生了总量为 B_1 的成本亏损。若因某个用户造成的成本回收问题，则由该用户承担补偿额度；若因购电成本上涨导致的保底服务成本增加，且对所有用户采取统一定价方式，则将总亏损额度按电量比例分摊到每种类型退市用户上，向这些用户追加收取保底服务成本 B_{1i}

$$B_{1i} = \frac{q_i}{\sum_{i=1}^{M} q_i} B_1 \tag{12-8}$$

这一情况类似于电力市场中平衡账户的设置，可按年为周期进行处理。

12.3.2　售电公司退市情况

售电公司退市情况下，对电力市场造成不良影响、导致交易终止、市场波动的责任方是售电公司。在此情况下，用户作为被动退出市场的一方，不应该承担补偿保底服务成本的责任，而应当由售电公司承担这一责任。

为了充分激发市场活跃度、扩大电力市场参与规模，用户应当在接受保底服务后的一定期限内重返电力市场，这段时间称为保底服务正常期限。保底服务正常期限的时间，通常能够满足这些用户重新进入市场，签约售电公司。在保底服务正常期限内，用户按照确定的保底服务价格缴纳用电费用，若不足以覆盖保底服务成本，则需要向售电公司收取补偿费用，支取途径包括但不限于售电公司向电力交易中心、电力监管机构提交的履约保函、违约保证金等。

假设保底服务正常期限为 T，某一个售电公司退市情形下，其签约用户中共有 N 种类型保底服务用户转移到新的电力供应机构获得保底服务。在 T 时间内，用户类型 j 的保底服务定价为 p_{Dj} ，用户类型 j 的保底服务实际成本为 p_j 。在这一期间，用户类型 j 的保底服务用电量为 q_j ，则提供保底服务的总补偿额度 B_2 为

$$B_2 = \sum_{j=1}^{N} (p_i - p_{Di}) q_j \tag{12-9}$$

（1）若 $B_2=0$，表示收取的保底服务费用能够完全覆盖保底服务的成本，此时，按照签订的保底服务价格即能实现成本回收。

（2）若 $B_2<0$，表示提供保底服务产生了总量为 B_2 的盈利，若由电网企业提供保底服务，这部分盈利应纳入准许收入总额进行统筹。

（3）若 $B_2>0$，表示提供保底服务产生了总量为 B_2 的成本亏损。由于售电公司已经倒闭，因此电网企业需要将总亏损额度 B_2 首先从该售电公司的资金池（售电公司向电力交易中心、电力监管机构提交的履约保函、违约保证金等）中支取，若仍不足以支付保底服务电价，则将剩余部分按照电量比例分摊到市场已注册的共 k 家售电公司，向这些售电公司收取保底服务成本 B_i

$$B_i = \frac{Q_i}{\sum_{i=1}^{N} Q_i} B_2, i = 1, 2, \cdots, k \tag{12-10}$$

式中，B_i 代表的是除倒闭售电公司外市场上已注册的第 i 家售电公司

应缴纳的保底服务补偿费用，Q_i代表的是该家售电公司代理售电量。

让市场上售电公司承担保底服务补偿费用，是因为市场上售电公司代理了优质用户，形成了对保底服务商的“取脂竞争”效应。最后的保底服务商（现阶段为电网企业）需要针对所有售电公司提前预备保底服务（类似再保险业务），一旦某家售电公司退市引发保底服务，其未能回收的成本由市场上所有售电公司共同承担具有合理性。

12.4　保底服务实施流程

12.4.1　用户退市情况

1. 退市原因

随着电力市场建设的进一步完善，电力市场化交易不断扩大，市场竞争可能进一步加剧，电力用户直接参与批发市场交易面临的风险也将愈加凸显。部分电力用户可能因技术原因、自身原因等因素选择自愿或被强制退出电力市场。

用户退出市场一般包含但不限于以下原因：

一是受客观条件限制被迫退出市场。例如：外部条件发生变化，市场主体不再满足准入条件；经审核具备市场主体资格，但在完成信息注册后的规定时间内没有开展市场交易；用户因经营问题出现停牌等情况，导致交易无法继续进行；用户因违规违法原因被取消交易资格等。

二是受主观因素影响自愿退出市场。例如：合同期满，到期后主动退出市场交易；主体产权变更，经营业务发生变化或不再经营，不再参与市场交易；用户未能及时签约售电公司或未找到合适的售电公司，只能退出市场等。

2. 相关主体的业务流程

用户在申请退出市场之前，既有可能是自己作为电力大用户直接参与批发市场交易，也有可能是电力大用户或者中小型一般工商业用户，由售电公司代理进行购电交易。因此，在退出市场启动电力保底服务时，涉及的利益相关方包括了发电企业、售电公司、交易机构、用户本身和保底服务供应商。

（1）发电企业。对于直接参与批发市场交易的大用户而言，需要与发电企业履行完原购电合同后再解除合同关系；若合同尚未到期，也可以通过电力交易平台进行合同转让。若合同转让不成功，且因此造成了发电企业的偏差考核费用，发电企业可以向用户收取违约金。

（2）售电公司。对于委托售电公司参与市场交易的用户而言，同样需要在与售电公司履行完原购电合同后再解除合同关系。若用户在申请退出时与售电公司仍存在代理关系，则需同售电公司协商一致，并将有关信息通知相关的主管部门。同时，在交易机构解除与电力用户的代理关系，并缴清市场化结算费用。若退出市场的用户其合同尚未履行完毕，可以向用户收取违约费用。

（3）用户。用户需要与发电企业或售电公司终止合同关系时，需要双方协商同意，并在交易系统向对方发起合同关系提前终止申请。若因用户原因造成了关联方的利益损失时，应由用户承担违约赔偿。

（4）电力交易机构。电力交易机构受理退出申请后，需要在一定的工作日内完成对退出申请的核验，向上级机构确认并对外发布公示及公告（或由政府相关部门发布）。电力交易机构在交易系统完成其交易账号和交易资格等信息的变更，并定期生成电力用户退出情况相关信息，向有关主管部门和相关机构备案。

（5）保底服务供应商。在用户申请退出市场的系列流程完成后，由事先确定的保底服务供应商为用户供电力保底服务，并以保底价格

进行结算。

12.4.2　售电公司退市情况

1. 退市原因

随着电力市场竞争的加剧，售电公司作为直面竞争的市场主体将面临更大的经营压力。在“优胜劣汰，适者生存”的市场筛选机制作用下，部分售电公司可能出于经营需求、信用要求等原因自愿或者被迫退出市场。

售电公司退出市场一般包含但不限于以下原因：

一是受客观条件限制被迫退出市场。例如：售电公司因违反交易规则、恶意侵犯用户权益等原因被取消交易资格；依法被撤销、解散，依法宣告破产、歇业的；违反信用承诺且拒不整改或信用评价降低为不适合继续参与市场交易的；被有关部门和社会组织依法依规对其他领域失信行为作出处理，并被纳入严重失信主体“黑名单”的；出现其他违反法律法规的情况等。

二是因主观原因自愿退出市场。例如：因经营不善影响公司未来发展；缺乏适应业务需要的人员和技术手段，无法适应市场竞争；企业因自身转型发展需求考虑停止售电业务等。

2. 相关主体的业务流程

无论是任何原因造成售电公司退出市场，具备履行能力的主体均应首先履行已签订的售电合同；在不能履约的情况下，也尽量考虑利用电力交易平台对合同进行转让。尤其是在自愿退出的情况下，由于其并非突发性、临时性的行为，售电公司有足够的时间提前通知相关主体并实施合同转让，进而充分利用市场条件完成对用户的售电承诺而非直接启动保底供电服务，这样既能强化市场自洽机制，也能节约启动保底供电服务所需的社会资源。若是售电公司因为违规违法等原因被迫退出市场，为了维护市场应用的秩序，售电公司还应受到相应的处罚。因此在售电公司退出市场启动电力保底服务时，涉及的利益相关方包括了发电企业、售电公司、交易机构、用户、保底服务供应商和政府。

（1）发电企业。对于有时间、有能力履行与发电企业购售电合同关系的售电公司，应优先履行完原购电合同后，再解除合同关系；若合同尚未到期，也可以通过电力交易平台进行合同转让。若合同转让不成功，考虑售电公司通常代理多个用户与发电企业进行合同交易，合同数量一般较大，如果因为违约造成了发电企业的偏差考核费用等额外支出，发电企业可以向售电公司收取违约金。

（2）售电公司。根据《售电公司准入与退出管理办法规定》等文件的要求，售电公司应提前一定工作日向相应的电力交易机构提交退出申请，及时告知客户，并在退出前履行完毕已签订的售电合同；如不能继续履行已签订售电合同，应在退出前取得用户同意，通过电力交易中心将售电合同转让，由合同受让售电公司代为履行该售电合同。在不能履行原合同时，应取得用户同意并保证能妥善处理用户用电问题。

（3）用户。在被告知需要中止与售电公司的合同关系时，应与售电进行沟通，若达成一致协议同意合同转让行为，可按照原售电合同内容接受合同受让售电公司提供的服务；若不认同售电公司合同转让行为，可选择由保底服务供应商进行供电，并有权向原售电公司提出赔偿。

（4）电力交易机构。电力交易机构收到售电公司自愿退出市场的申请后，需要在一定的工作日内完成对退出申请的核验，向上级机构确认并对外发布公示及公告（或由政府相关部门发布），待公示期满无异议后，为其办理退出市场手续。此外，电力交易机构还可以在交易平台上协助开展售电公司的合同转让。

（5）保底服务供应商。在售电公司退出市场的整个流程完成后或用户选择直接启动保底服务时，在保障电网安全和不影响其他用户正常供电的前提下，由事先确定的电力保底服务供应商，按照规定的程序、内容和质量要求向相关用户提供保底供电服务。保底服务供应商与用户重新签订售电合同，约定保底供电服务时间、服务范围及收费标准。

（6）政府。对于强制退出市场的售电公司而言，政府有关部门或监管机构应对其进行惩罚。例如，限制其未来一段时间的市场交易资格，在征信、融资等方面依法依规对当事人进行一定限制，必要时给予相关行政处罚等。此外，还应及时就启动保底供电服务的有关内容，与用户和保底服务供应商进行必要的沟通和协调。

第13章

配电网短期过渡服务

现阶段，由于国内的增量配电改革尚处于试点和起步阶段，部分项目还在建设中，尚未出现明确的保底服务需求。但为确保增量配电业务改革的顺利推进，在出现保底服务需求时能够有效应对，仍然需要提前开展相关研究。本章主要针对配电保底服务中的短期过渡服务开展研究，重点研究保底服务的成本组成、定价机制、成本回收机制和实施流程。

需要注意的是，从目前我国的四批增量配电网改革试点情况来看，几乎所有的增量配电网都同时开展配电和售电业务。当拥有配电网运营权的售电公司退出市场时，需要开展保底服务的既包括配电业务也包括售电业务，其中售电业务的保底服务参照第 12 章所述，本章及下一章仅围绕配电网保底服务展开。

13.1　保底服务成本

配电网保底服务主要分为短期过渡服务和长期承接服务。其中，配电网短期过渡服务指的是在发生自然灾害、电网故障等不可抗力因素或增量配电网运营者退出市场、无力经营等情况发生时，在政府委托下由电网企业帮助增量配电网进行紧急运维的短期服务，其实质是增量配电网经营权与所有权在短时期内发生分离。

考虑到这类服务具有应急的特点，因此该类型服务的成本往往包含两类：①电网企业提前预备为增量配电网提供保底服务产生的成本；②电网企业托管运营后实际发生的成本。

13.1.1　预备成本

在本轮电力体制改革之前，电网企业作为输配售一体的公司，当出现自然灾害等不可抗因素导致配电网发生故障时，有义务提供紧急运维服务，保障用户安全用电。为应对类似突发紧急情况，电网企业会事先制定应急服务方案、建立应急指挥系统及人员配置、预备应急电源及相关设备、材料、应急抢修运维队伍等。由此产生的相关成本，电网企业通过企业内部自平衡。

随着电力体制改革的深入推进，增量配电试点如雨后春笋，逐渐出现了与电网企业提供相同配电服务、相互对标的不同配电网投资运营主体。在这种情况，若发生了针对增量配电网的保底服务需求，则通过电网企业内部自平衡的模式失于公允。因此，电网企业为能及时向增量配电网提供配电网短期过渡服务，而提前预备产生的相关成本，需要由增量配电网相关主体参与分摊。

电网公司为提供配电网短期过渡服务的相关预备成本，包括了与之相关的资产折旧费、材料费、职工薪酬及其他费用等。这类成本属于省级电网的准许成本，但在分摊时按照应分摊给所有的增量配电网业主而非全体用户。因此，在进行准许成本核算时，应将该部分费用进行单独核算。

13.1.2 实际成本

若在增量配电网运营期间，实际发生了配电网短期过渡服务，造成了短暂时期增量配电网经营权与所有权的分离，需要对配电网短期过渡服务期间电网公司实际为此发生的成本进行量化分析，可分成如下两种场景。

（1）场景 1：因不可抗力因素导致的短期托管运营。在发生自然灾害、电网故障等情况，电网企业受政府委托对增量配电网进行托管运营。此时，该电网的所有权仍归属原增量配电网业主，电网公司主要收取运维费用，包括材料费、职工薪酬、修理费等。其中，材料费按照实际使用材料费扣减增量配电网在预备成本项中已支付的材料费；

职工薪酬为在预备成本的职工薪酬之外实际额外发生的人工费支出；修理费则按照实际支出情况计算。

（2）场景 2：增量配网运营者短暂更换期间运营。在上一个增量配电网业主退出后由电网企业接手进行保底服务的期间，通常需要等待增量配电网新业主的遴选结果，短则可能经历一轮市场化招标（例如 3～5 个月），长则可能多达两三轮市场化招标（例如 1～2 年）。在电网企业运营期间，为满足基本负荷增长或电网改造升级需要，可能对增量配电网进行配电固定资产的建设投资，从而产生建设投资成本，同时也会产生运维成本。其中，固定资产投资成本应为资产的账面价值，而运维费用可参考场景 1 的量化方式。

考虑到短期过渡服务成本主要针对特定的增量配电网产生，基于“谁受益、谁承担”原则，应向配电网业主单独进行收取。

13.2　保底服务定价

如 12.2 节所述，为了提供配电网短期过渡服务，电网企业额外产生的成本包括预备成本和实际成本两类。其中，预备成本属于提前发生的支出，按照提前发生的费用进行定价；实际成本为保底服务发生时产生的支出，按照实际的支出进行定价。

13.2.1　预备成本定价

根据《输配电定价成本监审办法》的相关精神，电网企业为提供配电网短期过渡服务所产生的相关预备成本应属于省级电网的准许成本，可以纳入省级输配电价回收。但出于“谁受益、谁承担”的原则，应分摊给所有的增量配电网业主，而不是全体用户承担。因此，该部分成本应提前单独核算，并可按年向所有增量配电网业主收取。

根据前一节的分析，预备成本中主要包含了资产折旧费、材料费、职工薪酬及其他费用等。其中，折旧费按照《输配电定价成本监审办法》的资产类别按年计提折旧、材料费一次性提取、职工薪酬按年进行核算；同时，为提供配网短期过渡服务还需考虑购买相关设备、材料等所占用资金的利息损失，可记为资金占用成本，参考同期国债利率。

此外，由于电网经营区域内的增量配电网规模、所处地理位置、负荷特性、网架结构等情况不一，可在此基础上考虑各个增量配电网发生配网短期过渡服务的概率，对预备成本在各个增量配电网的分摊系数进行综合评价。

每个增量配电网收取的预备成本费用为

$$p_i = \frac{C_d + C_m + C_l + I + O}{\sum_{i=1}^{n} \sigma_i q_i} \times \sigma_i q_i \tag{13-1}$$

式中，C_d 为折旧费；C_m 为材料费；C_l 为人工费；I 为利息费用；O 为其他费用；q_i 为每个增量配电网的电量或负荷；σ_i 为 i 第增量配电网的分摊系数；在［0，1］取值，增量配电网发生保底服务的概率越大，则取值越高。

13.2.2 实际成本定价

无论是因不可抗力因素导致的短期托管服务或是因增量配电网业主更换造成空缺期间产生的运营服务，在配电网短期过渡服务启动后实际发生的成本均按照“谁发生、谁承担”的原则，向启动配电网过渡服务的增量配电网业主收取相关费用。

根据12.2.2节的分析，向发生保底服务的增量配电网收取的成本费用为

$$p_A = C_n + C'_m + C'_l + C_r + \beta \tag{13-2}$$

式中，C_n 为耗费资产的净值；C'_m 为除预备材料外额外发生的材料费支出；C'_l 为除预备人员外额外发生的人工费用支出；C_r 为修理费；β 为其他运营费用。如管理费等。

所有增量配电网业主应事先与政府指定的保底电网企业签订保底服务合同，按年缴纳预备成本费用，按实际发生需求支付实际费用。该机制与消费型保险中的保险费用有一定的相似性。所有增量配电网业主在开展配电网运营业务时，事先缴纳一笔类似“保险费”的费用。当某个增量配电网发生保底服务需求时，其实际承担的成本可扣除预先已缴纳的预备成本。

当保底服务发生时，第一种场景下（即短期托管运营），增量配电网单独向保底服务商支付实际运维费用；第二种场景下（即业主更换期间运营），在地方政府组织原业主的资产评估和重新招标流程期间，电网企业向配电网内用户提供供电服务并代收配电费用，并从配网费用中回收保底服务成本后向原业主结算。若期间涉及到固定资产投资，可在新业主接收配网时一并转移。

13.3　保底服务成本回收

13.3.1　预备成本回收

配电网短期过渡服务产生的预备成本可由政府组织相关增量配电网业主与电网企业按照 13.2 节所述方式签订配网短期过渡服务合同，约定配电网短期过渡服务相关权利与义务，明确预备成本分摊系数及其他事项。电网企业按年度核算与此相关的折旧费、材料费、职工薪酬及资金占用成本等费用，形成配网短期过渡服务预备成本报告，经政府相关部门确认有效后，向相关增量配电网业主按年度回收配网短期过渡服务相关成本。

13.3.2 实际成本回收

（1）场景1：因不可抗力因素导致的短期托管运营。对于电网企业接手增量配电网期间所投入的建设投资成本、运维成本（材料费、修理费、职工薪酬），电网企业在事后形成运营期成本报告，向地方政府提出补偿申请，由原业主进行补偿。补偿申请通过后，由增量配电网原运营业主按照协议补偿电网企业。

（2）场景2：增量配电网运营者短暂更换期间运营。在原增量配电网业主退出后，增量配电网处于短暂更换的真空期，但电网企业可能对增量配电网仍进行了一定的固定资产投资，以满足园区规划建设等需求。对于接手期间所投入的建设投资成本和运维成本（材料费、修理费、职工薪酬），通过在代为收取的配电费用扣除的方式进行回收。电网企业在事后形成运营期成本报告，向地方政府报送审核。

13.4 保底服务实施流程

13.4.1 不可抗力因素托管运营情况

1. 发生原因

不可抗力因素是指不能预见、不能避免且不能克服的客观情况，包括自然灾害（风灾、洪涝、雷害、火烧山、污秽、地质灾害、覆冰、雪灾、雾闪等）、核辐射、战争、瘟疫、骚乱等。当发生不可抗力因素或电网装备设备问题从而造成电网大面积停电及运行故障等情况时，若配电网业主由于技术力量不足或缺乏相关运营经验等原因，自身无法及时完成配电网的抢修恢复，需要电网企业提供运维服务。

2. 相关主体的业务流程

根据 13.3 节所述，电网企业与增量配电业主应于事先签订保底服务合同，明确不可抗力因素造成的短期托管运营事项。当发生不可抗力因素托管运营服务时，涉及的相关主体包括了电网企业、增量配电网业务以及政府部门。

（1）电网企业。当发生相关情况时，电网企业按照配电网应急管理相关办法或规定、电力安全应急管理制度等条例，立即实施应急抢修工作，及时修复损毁配电网设施，快速恢复电网安全稳定运行，保障人民财产安全和社会稳定。电网企业要提供抢修所必需的人员队伍、装备设备、物资保障等条件，若本区域的抢修队伍无法在短期内完成抢修恢复任务时，可申请上级公司调用其他抢修队伍参与抢修。

（2）配电网业主。电网企业对配电网开展抢修时，配电网经营范围内的所有发电、变电、配电、用电设施均应服从电网企业的调管要求，直到其恢复自主运营能力以前，配合电网企业开展相关工作。在完成抢修工作后，根据发生的实际成本，按照相关协议与电网企业进行结算。

（3）政府部门。负责保底服务全过程监管，包括对电网企业的保底服务成本进行审核等。

13.4.2　配电网运营者短暂更换情况

1. 发生原因

配电网运营商因经营问题等自愿退出市场或因为信用问题等被强制退出市场时，若配电网后续盈利情况被其他社会资本所看好，则仍然会有其他社会资本竞标增量配电网新业主。这种情况下，地方政府将通过新一轮市场化招标，重新确定业主，并将增量配电网移交给新业主。在原业主退出到向新业主完成相关资产的正式移交前，电网企业（或其他配电网公司）只作为增量配电网的保底托管方，负责过渡期内的配电网运营。

2. 相关主体的业务流程

《售电公司准入与退出管理办法规定》明确，拥有配电网运营权的售电公司申请退出市场时，应妥善处理配电资产；若无其他公司承担该地区配电业务，由电网企业接收并提供保底服务。配网运营者短暂更换期间开展保底服务，最主要的特征是配电网的运营权与所有权的分离，涉及的主体包括了配电网业主、电网企业、用户和政府部门。

（1）配电网业主。配电网业主退出市场时，应及时向政府相关部门提出申请，在下一业主到位前，按政府就接管运营方的要求配合做好交接工作，签署相关协议以确保营业范围内的正常供电。涉及售电合同转让的，按照第12章的流程进行处理。在下一业主确定后，配合做好相关资产的转让和移交工作。

（2）电网企业。电网企业作为保底服务商时，应根据政府的工作安排，与配电网的原业主就配电网接收的相关问题进行详细的沟通和谈判，签署配网运维的相关协议，并按照不低于配电网特许经营协议的要求开展配电网的运营工作。必要时可根据电网运营需求开展固定资产的投资工作，并就保底托管期间的电网建设、运维、改造等情况形成相关报告报政府审批，相关投资通过代收的电费或新业主进行回收。

（3）用户。用户在更换配电网运营商后，若涉及到用户设备改造的，需要根据保底服务运营方的合理要求开展相关工作。若涉及到电价发生变化的，应按照最新的电价标准缴纳电费。

（4）政府。政府需要组织原业主以及保底服务供应商就配电网在过渡期的运营问题、费用问题等进行谈判及开展相关协议签署，明确各方的权利义务及项目移交过渡期的接管工作安排。此外，还需要对

业主的退出情况进行公示公告，向配网运营商经营区域内的售电公司及用户告知相关信息（如原业主停止供电时间、保底服务商开始供电时间、配电价格变动情况、合同签署相关事宜等），并重新组织下一轮招标工作，确保潜在投标方知晓原配电网的资产情况以及电网企业在保底服务期间的资产设备变化情况。

第14章

配电网长期承接服务

配电网长期承接服务主要针对原业主退出经营时由电网企业进行保底服务的情况。相较于短期过渡服务而言，发生配电网长期承接服务时，增量配电网的经营权与所有权可能发生分离，也可以不分离。在经营权与所有权不分离的情况下，会涉及资产的转让，这也成为配电网长期承接服务在实施过程中需要重点关注的问题。本章主要针对配电网保底服务中的长期承接服务开展研究。

14.1　保底服务成本

发生配电网长期承接服务的最主要原因是原配电网业主难以回收全部成本或收益达不到预期，导致无法承担后续运营从而退出市场。其发生场景通常可归纳为以下三种情况：

一是配电网过度投资。配电网原业主未结合需求情况理性预期，导致投资过大，难以回收成本。

二是用电情况难达预期。配电网内用户电量未达预期或配电网出现运营问题，导致实际用电量较小，难以回收成本。

三是后期运营难以持续。原配电网业主缺乏运营经验，无法承担后续运营费用，或运营合同到期后，未有新主体继续运营配电网。

在发生配电网长期承接服务时，政府或其他业主可接收配电网资产，并交由电网企业代为运维，政府也可结合电网企业接收意愿，将配电网资产完全转交给电网企业。因此电网企业所提供的服务也可分为如下两类：

一是电网企业只提供运维经营服务。即在经营权所有权两权分离情况下，地方政府或其他业主将这类配电网交由电网企业经营，所有权仍归委托方所有，电网固定资产投资行为由委托方完成，电网企业只负责进行运维和经营。在这种情况下，电网企业投入的成本为运维费用，包括职工薪酬、材料费、修理费及其他。

二是电网企业接收配电网资产的同时提供运维经营服务。此种情况下，电网企业基于资产评估价值，确认收购该配电网。因此，电网企业同时具有增量配电网的经营权与所有权。在这种情况下，电网企业的成本既包括配电网设备修理改造、与省级输电网协调性改造等固定资产投资的折旧费用，还包括职工薪酬、材料费、修理费等运维费用。

14.2 保底服务定价

考虑到增量配电网通常有一定的核价周期，电网企业接收增量配电网时处于周期内不同时期，核价方式将有所不同。

一是上一核价周期未到期。若电网企业接手增量配电网时，恰好处在增量配电网配电价格核定的上一监管周期内，为保证用户的可持续用电需求，则依旧执行上一监管周期的配电价格。这一期间电网企业若新增投资及运维费用，可以按照《省级电网输配电价定价办法》中关于“输配电价的调整机制”相关条款执行，在周期内剩余各年进行平滑处理，若调整幅度较大，可在下一监管周期内再进行调整。

二是上一核价周期已到期。此时，可将增量配电网纳入省级电网，统一核定准许收入和输配电价，不再执行原有配电价格。电网企业在进行有效资产核算并收购增量配电网后，再对增量配电网进行投资建设。

14.3 保底服务成本回收

一是在电网企业只提供运维经营服务时，即经营权所有权分离情

况下，地方政府或其他业主自行核定配电网配电价格，并与电网企业协商签订运维合同，向其支付运维费用，电网企业的成本通过运维费用回收。

二是在电网企业接收配电网资产且提供运维服务时，即经营权所有权未分离情况下，电网企业通过将增量配电网纳入省级电网核定输配电价收取费用，补偿长期承接配电网的服务成本。在进行增量配电网的资产转让时，需充分评估配电网设备利用率、配电网投资运营效率等指标，合理核算其有效资产。

在核算配电网的资产价值时，需要考虑以下几个方面的因素：

（1）从资产效率角度评估。通过固定资产周转率、单位资产售电量、固定资产载流能力及资产最大负荷利用率等指标衡量增量配电网资产的利用效率。

（2）从资产质量角度评估。通过评估固定资产利用率、设备故障率、工程建设标准等指标评价资产可持续发展能力，即未来价值。

（3）与投资预期进行成效对比。将当期增量配电网投资成效与业主投资规划、相关承诺（供电质量、电价折扣、招商引资）进行对比评价，判断资产在多大程度实现了预期效益与效用。对于未完全达到预期效用的资产，在计入有效资产时，需要进行一定核减。

14.4　保底服务实施机制

在配电网所有权与运营权分离的情况下，由政府指定电网企业提供保底供电服务，在保底供电服务期间接管配电网运营权。电网企业与配电网业主或政府部门签订运维协议明确双方权责。电网企业负责保障配电网的安全稳定运行，开展用户的业扩、计量、结算等业务，承担配电网的运维成本，并向配电网业主收取运维费用。此外，可根据配电网建设要求向业主提出配电网改造升级的合理需求。配电网业主负责配网的固定资产投资以及经营决策等重大事项，同时获得用户缴纳的配电费用作为投资收益，并向电网企业支付运维费用。

在配电网所有权与运营权不分离的情况下，由政府指定电网企业全面承接原配网业主的资产并开展投资建设和运维服务。政府部门可事前组织由政府机构和电网企业、原配电网业主相关人员组成的工作小组，委托第三方机构对资产价值进行合理评估，并向配电网运营商经营区域内的售电公司及用户告知运营商更换的相关信息。电网企业与配电网业主或政府部门就达成一致意见的有效资产签订资产接收相关合同协议，支付原业主相关费用，将配电网纳入省级电网统筹管理。若涉及配电价格调整的，按照成本监审和定价办法的相关规定，重新进行有效资产核算及输配电价测算，按照新的输配电价或目录电价向区域内用户收取费用。

第15章

我国电力保底服务实施建议

从当前的改革情况来看，全国各地已经陆续出现了售电公司或用户退市的情况，部分地区已触发了保底供电服务机制。随着我国电力市场化改革的不断深入推进，保底供电服务机制的重要性也将逐步凸显。在实施售电保底服务和配电保底服务时，需要重点关注保底服务的成本回收、价格机制等问题。

1. 售电保底服务

一是建议在市场建设初期由政府指定电网企业承担保底服务义务，以确保市场的平稳过渡。随着市场的逐步完善和建设，可考虑逐步引入竞争机制，通过招标或自愿申请的方式由具备条件的竞争性售电公司提供保底服务。

二是考虑到当前是市场建设的初期阶段，从激励用户参与市场交易、增强市场活跃度的角度出发，可以制定高出市场价或目录价的最后供应商服务价格，激励用户选择进入市场。

三是对于同一个用户而言，无论参与市场化交易还是接受保底服务，其缴纳的输配电费不应发生变化。

四是当出现市场主体退市时，宜优先组织原合同在其余售电主体间进行转让。当超过规定时间合同仍然无法成功转让时，才启动电力保底服务。

2. 配电保底服务

一是建议将保底服务的成本按照预备成本和实际成本两部分进行核算和分摊，同时加强成本监审。其中，预备成本是指为应对突发紧急情况，电网企业提前配置应急抢修队伍、采购相关设备和材料等产生的成本。这部分成本按照“谁受益、谁承担”的原则，宜分摊给所有增量配电网业主而不是全体用户。

二是分摊预备成本时可考虑增量配电网的规模、位置等因素分析发生保底服务的概率，对不同的增量配电网制定不同的分摊系数，从

而体现成本分摊的公平性。

三是可参照保险等行业经验，对预备成本采取类似保险费用的方式向所有增量配电网业主事先收取。在发生保底服务需求时，若涉及固定资产的更新和投入，可从实际发生的成本中扣减已缴纳的预备费用中的折旧费，从而减少配电网业主的实际支出。

四是需要合理评估退出市场主体的配电网有效资产。当配电网业主退出市场时，在经营期间可能存在资产利用效率低下或资产故障率高等问题，资产的价值将直接影响电网企业的未来经营。需要组织专业评估团队对有效资产价值进行评估。

第16章

小　结

本书第二部分首先梳理了电力保底服务内涵，介绍了国外关于电力保底服务的典型表述及服务内容，结合我国的政策要求及改革实际情况，将我国电力保底服务划分为两大类（即售电保底服务和配电保底服务）和五小类（即非市场用户供电服务、默认服务、最后供应商服务、配网短期过渡服务和配网长期承接服务）。

然后，分别介绍了美国、欧洲、澳大利亚和新加坡等典型国家开展电力保底服务的实施情况。从国外经验看，在供应商选择方面，售电市场放开初期一般采用政府指定保底服务供应商的方式；随着售电市场逐步成熟，可采用政府招标等竞争性手段确定保底服务商。在价格机制方面，若从推动市场建设的角度考虑，保底服务价格可以高于市场价格，从而更好地激励用户进入市场；从应对市场失灵的角度考虑，可以采用基于实际购电成本与合理收益的方式进行定价。在成本回收方面，如采取政府指定方式明确保底服务供应商，按实际投入进行成本回收更能体现出公平性；如果采取市场化方式确定保底服务商，则一般由市场化竞价形成保底服务价格。此外，还应该制定相关完善的配套政策法规。

关于最后供应商服务，本书将此类保底服务的成本划分为额外购电成本和额外售电成本两部分，且认为无论用户是否参与市场交易，用户缴纳的输配电费不应发生改变。在定价机制方面，包括了按成本定价和上浮定价两种方式，前者需要能够对保底服务的成本明细进行清楚核算，后者可以在市场初期使用。此外，还可以采取固定价格或随保底服务时间递增两种价格调整机制。在成本回收和实施流程方面，分别就用户退市情况和售电公司退市两种情形展开分析，并进一步分析了两种情形下涉及的相关利益主体责任及业务流程。

关于配电网短期过渡服务，本书将此类保底服务的成本划分为预备成本和实际成本两部分。其中，预备成本是电网企业为能及时向增量配电网提供配网短期过渡服务而提前预备的相关成本，应在事先向所有增量配电网业主收取而不是分摊给全体用户；实际成本则应按照“谁发生、谁承担”的原则，向启动配网过渡服务的增量配电网业主收取。在成本回收和实施流程方面，分别就不可抗力因素托管运营和配网运营者短期更换两种情形展开分析，并进一步分析了两种情形下涉及的相关利益主体责任及业务流程。

关于配网长期承接服务，本书分别就配电网所有权与运营权分离、所有权和运营权不分离两种情况下的成本量化、定价方式、成本回收及实施机制进行了分析，同时认为该类保底服务的关键问题之一在于对配网资产价值的合理评估。

最后，从电力保底服务的价格机制、电力保底服务的成本量化、电力保底服务的启动流程等方面提出了相关实施建议。

参 考 文 献

[1] 马芸，赵会茹．基于国际经验的中国电力普遍服务实施机制的研究［J］．工业技术经济，2005，24（7）：83-86.

[2] 陈建华．中国电力普遍服务供给规制研究［M］．北京：中国经济出版社，2013.

[3] 陈政．兼顾效率与公平的跨省区电力交易社会福利调整机制研究［J］．电网技术，2020，44（07）：2558-2564.

[4] 夏青．能源普遍服务及其在中国的制度设计［D］．上海：华东政法大学，2015.

[5] 吴昌南．中国电力市场化改革研究：基于电力普遍服务实施机制的视角［M］．北京：经济管理出版社，2011.

[6] 陈政．增量配电改革要谨防“跑偏”［N］．中国能源报，2018-12-10（004）.

[7] 陈政．跨省区输电价格改革可分两步推进［N］．中国能源报，2020-07-13（004）.

[8] 苏苗罕．能源普遍服务的法理与制度研究［J］．法治研究，2007（10）：13-18.

[9] 叶泽，吴永飞，李成仁，尤培培．我国电力普遍服务电价制度设计与实施建议——兼析国外普遍服务电价政策的做法［J］．价格理论与实践，2017（09）：20-25.

[10] 陈立斌，蒋莉萍，王抒祥．国外农电发展政策及其借鉴意义［J］．国际电力，2003，7（4）：17-19.

[11] 陈政．统一电力市场不等于全国简单“一体化”［N］．中国能源报，2020-03-02（004）.

[12] 陈政．准集中统一电力市场模式或利于社会福利最大化 [N]．中国能源报，2020-06-08 (004).

[13] 赵会茹，李春杰，李泓泽．电力市场环境下的电力普遍服务 [M]．北京：中国电力出版社，2009.

[14] 李孝斌，温立忠．印度农村现代能源普遍接入：问题与实施策略 [J]．华北电力大学学报（社会科学版），2015 (06)：16-20.

[15] 李宏舟．日本规制改革问题研究：理论、内容与绩效 [M]．北京：中国社会科学出版社，2016.

[16] 中国新闻网．中国最后 3.98 万无电人口通电 [EB/OL]．2015-12-23 [2020-09-08]．http：//www.chinanews.com/gn/2015/12-23/7684944.shtml.

[17] 国家电网有限公司．国家电网提前一年完成新一轮农网改造升级目标任务 [EB/OL]．2020-01-10 [2020-09-08]．http：//www.sasac.gov.cn/n2588025/n2588124/c13452410/content.html.

[18] 张翔，金东亚，黄国日，郄双源，洪笑峰．配售电价格机制创新路径研究——基于开发区增量配电改革试点的探索 [J]．价格理论与实践，2019 (05)：43-46.

[19] 冷媛，陈政，黄国日，张朋宇，韩士琦，王鹏．偏远山区电力普遍服务微网优化模型研究 [J]．智慧电力，2020，48 (06)：61-66+97.

[20] 冷媛，黄国日，金东亚，洪笑峰，郄双源，王鹏．关于售电保底服务定价机制研究——基于典型国家经验借鉴与广东、湖南电改实践的分析 [J]．价格理论与实践，2019 (06)：55-59.

[21] 李春杰，程艳从，赵会茹．基于效用函数的电力普遍服务综合效用评价 [J]．电力系统自动化，2012，36 (22)：50-54.

[22] 赵会茹，李春杰，迟楠楠，崔博．电力普遍服务社会价值的综合评价 [J]．电网技术，2009，33 (13)：99-105.

[23] 中国能源网．南方电网 2018 年农网改造升级任务按期完成 [EB/OL]．2019-01-04 [2020-09-08]．https：//www.sohu.com/a/286654596_

556387.

[24] 新华网．南方电网广东电网公司提前两年完成“十三五”新一轮农村电网改造升级目标［EB/OL］．2018-12-07［2020-09-08］．http：//www.xinhuanet.com/power/2018-12/07/c_1210010778.htm.

[25] 国家发展改革委，国家能源局．《国家发展改革委　国家能源局关于印发＜输配电定价成本监审办法＞的通知》（发改价格〔2019〕897号）［EB/OL］．2019-05-24［2020-09-08］．http://www.gov.cn/gongbao/content/2019/content_5421551.htm.

[26] ACER/CEER. Annual Report on the Results of Monitoring the Internal Electricity and Natural Gas Market in 2017-Consumer Empowerment Volume［R］．ACER/CEER，2018.

[27] Australian Energy Regulator. Retailer of Last Resort plan［R］．Australia：Australian Energy Regulator，2015.

[28] Australian Energy Regulator. Retailer of Last Resort Statement of approach［R］．Australia：Australian Energy Regulator，2011.

[29] Energy Market Autthority of Singapore. Code of Condunct for Retail Electricity Licensees-V5［R］．Singapore：Energy Market Autthority of Singapore，2018.

[30] 张小平，李佳宁，付灏．英国电力零售市场的改革与挑战［J］．电力系统自动化，2016（11）：10-16.

[31] Ofgem. Guidance on supplier of last resort and energy supply company administration orders［R］．UK：Ofgem，2016.

[32] Electricity Market Reform. Taff Tschamler. Competitive Retail Power Markets and Default Service：The US Experience［R］．Electricity Market Reform，2006.

[33] Electric Reliability Coucil of Texas. Substantive Rules Application to Electric Service Providers［R］．Electric Reliability Coucil of Texas，2018.

[34] 袁黎．新加坡电力零售市场改革的经验启示［J］．中国电力企业管理，2017（2）：51-53.

[35] 朱大庆，陈斌，刚成军．新加坡电力产品批发零售市场制度变迁及其启示［J］.

价格理论与实践，2014（10）：56 - 58.

[36] Barbara R. Alexander. Defaul Service for Retail Electric Competition：Can Residential and Low Income Customers be Protected When the Experiment Goes Away [R]. Barbara R. Alexander，2002.

[37] 史静，牛文娟，薛贵元，等．欧美电力保底服务的实践及启示 [J]. 电力需求侧管理，2019（5）：84 - 87.

[38] 董军，薛贵元，李荣．售电侧改革中的保底服务模式研究 [C]. //2015 International Conference on Information，Business and Management（IBM 2015）. 2015：98 - 103.

[39] 钱寒晗，李有亮，许洁．国外保底电力零售服务研究及对国内零售市场建议 [J]. 中国电力企业管理，2019（7）：71 - 74.

[40] Frank Lacey. Default service pricing - The flaw and the fix Current pricing practices allow utilities to maintain market dominance in deregulated markets [J]. The Electricity Journal，2019（32）：4 - 10.

[41] 马莉，张晓萱，魏哲，等．法国售电侧市场放开的经验和启示 [J]. 南方电网技术，2015（9）：9 - 12.

[42] 李斯吾，周小兵．售电侧改革下保底供电服务启动与运行机制分析 [J]. 中国电力企业管理，2018（19）：64 - 67.

[43] 杨娟，刘树杰．市场化电力体制中保底供电及其价格形成机制 [J]. 价格理论与实践，2019（5）：10 - 12.

[44] 陈立，王蓓蓓，黄俊辉，等．电网公司保底服务实施后的增量配电网投资策略 [J]. 电力系统自动化，2018，42（20）：44 - 50.

[45] 王学棉．电网企业“保底供电义务”问题研究 [J]. 华北电力大学学报（社会科学版），2018，116（06）：70 - 75.